哈军工的将军们

刘居英

二〇一三年五月十八日

2013 年 5 月 18 日，96 岁的刘居英老院长欣然为本画传题字。

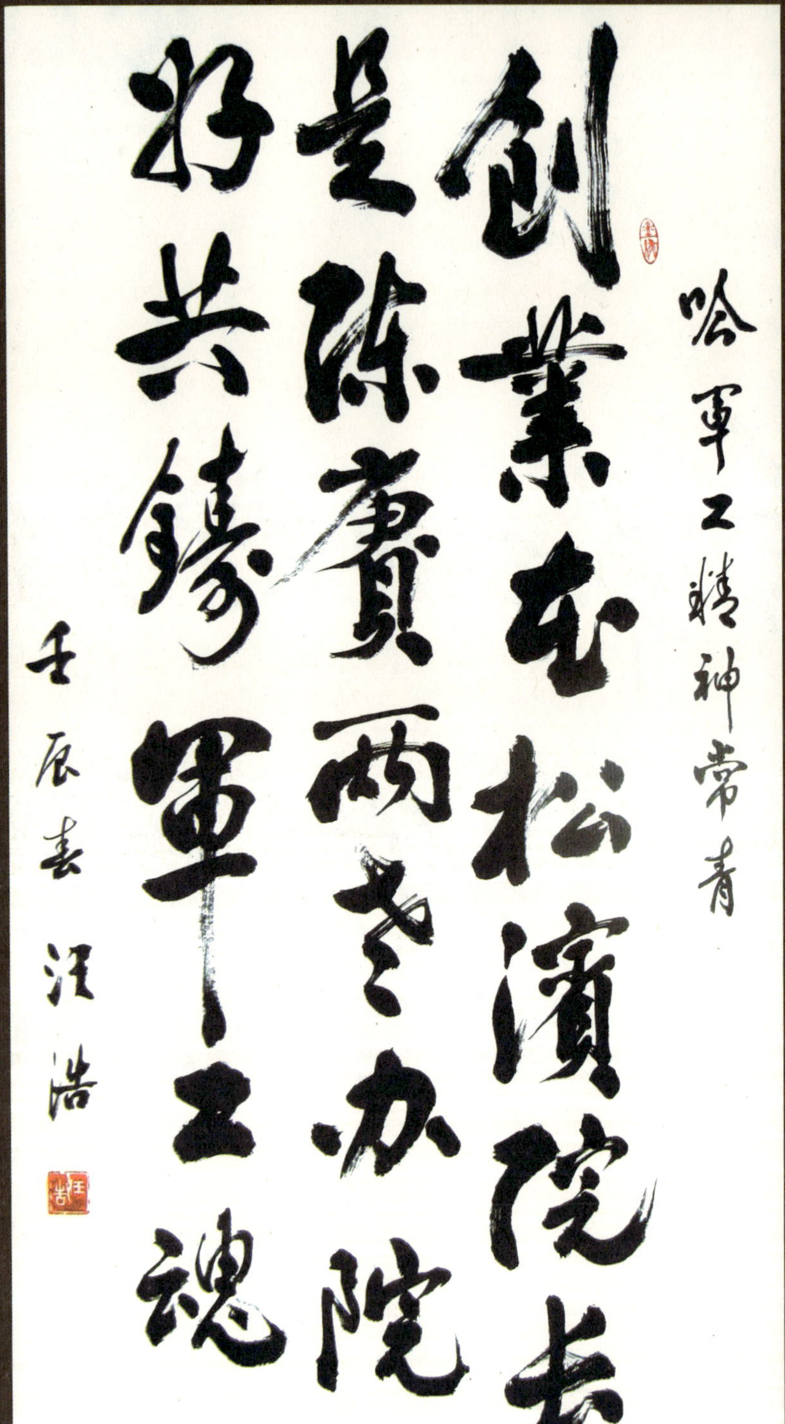

原国防科学技术大学政委83岁的汪浩将军题词。

哈军工将军画传

滕叙兖 编著

HEUP 哈爾濱工程大學出版社

图书在版编目(CIP)数据

哈军工将军画传/滕叙兖编著. —哈尔滨:哈尔滨工程大学出版社,2013. 8
ISBN 978 - 7 - 5661 - 0673 - 5

Ⅰ. 哈…　Ⅱ. ①滕…　Ⅲ. ①中国人民解放军 - 将军 - 列传 - 画册　Ⅳ. ①K825. 2 - 64

中国版本图书馆 CIP 数据核字(2013)第 193340 号

出版发行　哈尔滨工程大学出版社
社　　址　哈尔滨市南岗区东大直街 124 号
邮政编码　150001
发行电话　0451 - 82519328
传　　真　0451 - 82519699
经　　销　新华书店
印　　刷　哈尔滨市石桥印务有限公司
开　　本　889mm × 1 194mm　1/16
印　　张　20. 25
字　　数　207 千字
版　　次　2013 年 8 月第 1 版
印　　次　2013 年 8 月第 1 次印刷
定　　价　48. 00 元
http://www. hrbeupress. com
E-mail:heupress@ hrbeu. edu. cn

序言

哈军工将军们的集体相簿

随着现代印刷技术和计算机图像处理技术的快速进步，近年来在中国图书市场的人物画传越来越多，作为传记文学的一种新颖文体，其以图为主、图文并茂、生动直观的特点，颇受广大读者的欢迎。一大段历史人物音容笑貌的文字描写，常常抵不过一张泛黄的老照片来得真切感人。

2008年春，在哈军工北京校友会的运筹和国防科技大学的支持下，笔者与刘智女士通力合作，《刘居英画传》（当代中国出版社）得以付梓出版。2012年秋和2013年初，《谢有法将军画传》（武汉出版社）和《陈赓大将图传》（解放军出版社）先后出版。这样，在目前众多的开国将帅画传作品里有了哈军工三位将军的高品质画传，实令哈军工学子欣喜不已。

1952年6月，在朝鲜战争硝烟弥漫之际，中国人民志愿军代司令员陈赓将军奉调回国，中共中央授命他创办一所史无前例的军事科技学府——中国人民解放军军事工程学院（哈军工）。他亟需得力的助手，于是一批从战争中走来，能征善战又有相当文化水平和理论修养的将军们来到冰封雪覆的哈尔滨市东郊荒原上，汇聚在陈赓麾下。1955年秋的全军授军衔及1961年、1964年两次全军晋衔中，先后在哈军工任职的军队高级干部中共有15人被授予将军军衔。

大将：陈赓

中将：谢有法

少将：刘居英、刘有光、唐铎、唐凯、贺振新、李开湘、李懋之、张衍、张子明、徐立行、徐介藩、薛克忠、吴振挺。

笔者把以陈赓为首的15位开国将军统称为"哈军工将军"。

15位开国将军都出生于清末民初的20世纪初期，在中国历史急剧变革的时代大背景下，这些热血男儿忧国匡救，怀着崇高理想，义无反顾地走向漫漫的军旅之路，以其卓识奇才，大智大勇，搏击在枪林弹雨中，戎马倥偬，九死一生。新中国刚成立，他们当中的一半人又跨过鸭绿江，经历一场火与血的现代化战争的洗礼。

因为哈军工，15位将军的人生轨迹神奇地交汇在南岗文庙街那个大院子里，形成了一个团结奋进、忍辱负重、呕心沥血、孜孜以求，在不断探索中闯出新中国国防科技教育之路的"将军教育家"团队，短短十余年就为国家培育出大批治国建军、上天入海的栋梁之才，使哈军工声誉鹊起，赫然挺立于中国名校之林。这是中国历史上一段可圈可点的奇迹，是我们应该高声讴歌的一首波澜壮阔的史诗。

然而，令这些献身于中国革命和建设事业的将军们始料不及的是，一场突如其来的民族浩劫，把他们打入万丈深渊。除了英年早逝的陈赓例外，哈军工将军们几乎都难逃劫难，或铁窗囚室、或"牛棚"干校，贺振新则是第一位牺牲在天山脚下的哈军工将军，徐介藩和唐铎都被关押长达七年之久。他们在文革的炼狱里不坠青云之志，松柏节操，光明磊落，铁骨铮铮。

洪波激荡的历史长河，带走了一位又一位哈军工将军，现今硕果仅存者是已近期颐的刘居英将军。今年喜逢哈军工60华诞，我把多年来苦苦寻觅、精心收集的历史老照片重新整理，再仰仗哈军工将军后人的鼎力支持，编撰出一本哈军工将军们的集体相簿——《哈军工将军画传》，以先院领导后系领导来排序。500余幅老照片中既有他们在战火中的勃勃英姿，也有在哈军工辛苦办学的身影；既有与战友们喜笑颜开的合影，也有与爱人相濡以沫的深情，特别是他们晚年含饴弄孙，其乐融融的温馨家庭照，亲切感人，如沐甘霖。纵览全书，可谓画中有传，传中有史，史中有情。

《哈军工将军画传》融真实性、传奇性、可读性于一册，我把她献给亲爱的母校和继承其伟大历史使命的"军工七校"，献给我的老师和同学们，同时也为喜欢读史的朋友们提供可供收藏之书。500余幅珍贵的历史照片将使吾辈知晓先贤们为祖国强盛和民族复兴所荣立的丰功伟绩，他们的高风亮节，懿德仁心，堪称后世之楷模，高山仰止，永怀不敢或忘。

编著者

2013年7月30日

哈军工将军画传

目录

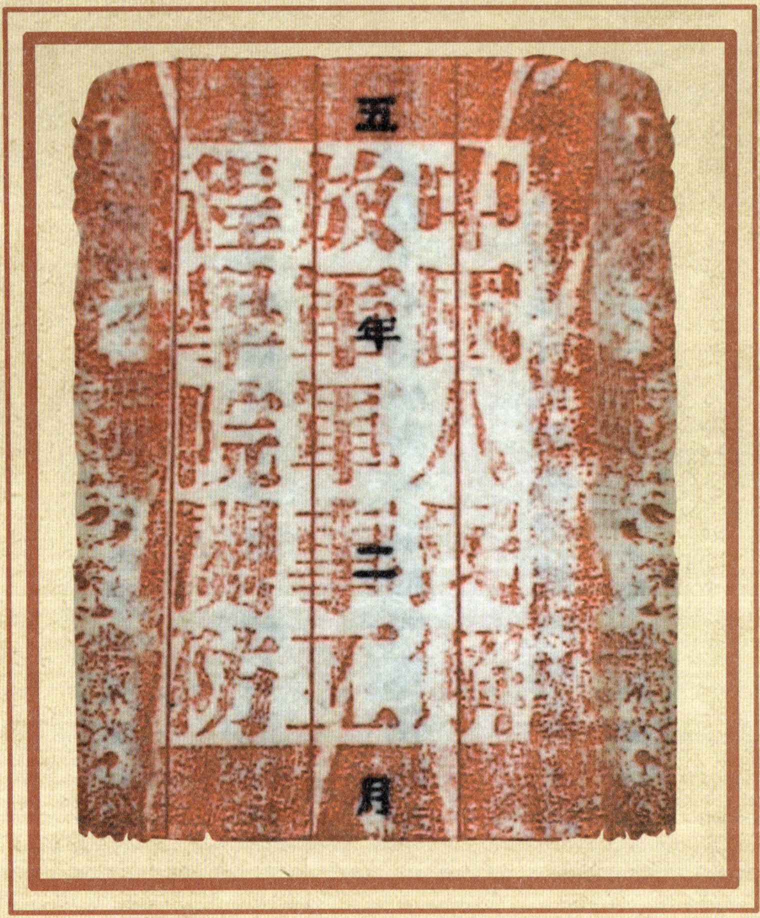

中央军委授予哈军工的关防大印。

第一篇

峥嵘岁月

十五位开国将军的老照片

路军工的
将军们

陈赓

（1903—1961）

1903 年 2 月 27 日，陈赓出生在湖南省湘乡市龙洞乡泉湖村。原名陈庶康。1922 年加入中国共产党,1924 年 5 月考入黄埔军校第一期，毕业后留校任连长、副队长,参加了平定商团和讨伐陈炯明的东征等战斗。1926 赴苏联学习，1927 年初回国。8 月参加南昌起义,任营长。失败后负重伤,由香港转赴上海。伤愈后,自 1928 年起,在中共中央特科做情报工作。1931 年 9 月赴鄂豫皖苏区,任中国工农红军第四方面军的团长、师长。1932 年因负重伤秘密到上海就医,1933 年 3 月被捕,由上海解往南昌。正在南昌指挥对中央苏区第四次"围剿"的蒋介石亲自用高官厚禄劝降,陈赓凛然拒绝。经中共和宋庆龄等营救,脱险后到中央苏区,任彭(湃)杨(殷)步兵学校校长。

长征中任干部团团长,曾率干部团一部强占皎平渡渡口,使第一方面军得以顺利渡过金沙江。到陕北后任红一军团第一师师长，参加了直罗镇、东

征、西征、山城堡等战斗。1937 年 2 月入抗日军政大学学习，兼任第一队队长。抗日战争爆发后，任八路军第一二九师第三八六旅旅长，率部开赴太行山区，参与神头岭、响堂铺、长乐村等战斗的指挥，随后又转战于鲁西北、冀南、豫北。1940 年任太岳军区司令员，次年任太岳纵队司令员，参与领导创建晋冀豫根据地。

1943 年 11 月赴延安，入中共中央党校学习。1945 年 6 月当选为中共第七届中央候补委员。抗日战争胜利后，率太岳纵队(后来改为晋冀鲁豫军区第四纵队)参加上党战役。1946 年初，他作为中共代表参加临汾、太原三人小组，调处国共军事冲突和监督双方执行停战协议。1946 年 7 月，率第四纵队和太岳军区部队转战晋南，连续进行闻(喜)夏(县)、同蒲、临(汾)浮(山)战役，歼灭国民党军 3 万人，其中包括号称“天下第一师”的胡宗南的整编第一旅。随后他率部西进，于 1946 年 11 月至次年 1 月协同兄弟部队发起吕梁、汾(阳)孝(义)战役，歼灭国民党军 2 万余人。1947 年 4 月指挥晋南攻势，歼敌 2 万余人。8 月率晋冀鲁豫野战军主力一部，强渡黄河，挺进豫西，开辟豫陕鄂解放区，配合刘(伯承)邓(小平)和陈(毅)粟(裕)野战军，在中原地区进行战略进攻。在淮海战役中，率第四纵队协同兄弟部队在徐州西南切断津浦铁路，参加围歼黄维兵团。

1949 年任人民解放军第四兵团司令员兼政委，率部横渡长江，解放南昌。实施远距离、大迂回、大包围的战略方针，进军广东追歼逃敌，直插雷州半岛，切断白崇禧部的海上退路，协同兄弟部队进行粤桂边战役，歼敌 4 万余人。1950 年初，指挥所部经 14 昼夜强行军，直抵云南边境，歼灭企图逃往国外的国民党军 2 万余人。1950 年 2 月进驻昆明，任西南军区副司令员、云南省人民政府主席、云南军区司令员。1950 年 7 月应邀赴越南，帮助越南军民坚持抗法战争，取得边界战役的胜利。

1951 年参加朝鲜战争，任中国人民志愿军副司令员兼第三兵团司令员、政委。1952 年 6 月回国，筹办并出任中国人民解放军军事工程学院（哈军工）首任院长兼政委，他以军事教育家的深刻思考，提出具有远见卓识的教育思想，为国家培养出大批栋梁之才。1954 年 10 月任人民解放军副总参谋长。1955 年被授予大将军衔。1956 年当选为中共第八届中央委员。1958 年 9 月兼任国防科学技术委员会副主任，辅佐聂荣臻元帅，为开创中国国防科技事业作出卓越贡献。1959 年 9 月任国防部副部长。1961 年 3 月 16 日在上海猝然病逝。

作为中国现代史中杰出的革命家、军事家、教育家，陈赓是中华民族引以为荣的民族英雄，他的传奇人生必将流芳千古。

02 | 03
04

【02】 1922 年，陈赓由社会主义青年团转入中国共产党，翌年 11 月党派他到广东，1924 年 5 月考入黄埔军校第一期。图为 1925 年担任黄埔军校入伍生连长的陈赓。

【03】 大革命失败后，参加南昌起义的陈赓腿负重伤，到上海找妻子王根英。腿伤治愈后在周恩来领导下参加中共中央特科工作。

【04】 图为 1931 年在上海的王根英和儿子陈知非。在抗日战争中，1939 年 3 月 8 日王根英在太行山英勇牺牲，年仅 33 岁。陈赓万分悲痛，他在日记里只写下一句话："今天是我不可忘记的一天，也是我最惨痛的一天。"

【05】1936年，长征后担任红一师师长的陈赓（埃德加·斯诺摄）。

【06】1936年在陕西三原，陈赓与战友们合影（前排左起：罗少华，杨尚昆，聂荣臻，林彪；后排左起：周子昆，陈赓，罗瑞卿，周昆）。

【07】 1937 年春的陈赓(海伦·斯诺摄)。

【08】 1937 年卢沟桥事变后，全面抗战爆发。陈赓出任八路军一二九师三八六旅旅长，图为在晋东南前线骑战马的陈赓。

09 10
11

【09】
在太行山抗战前线的陈赓照 1。

【10】
在太行山抗战前线的陈赓照 2。

【11】
抗战时的陈赓在行军途中休息（前右陈赓，前左为周希汉）。

【12】 1943年2月，在太岳军区，陈赓与傅涯结婚。

【13】 1946年夏，陈赓、傅涯与儿子知建在山西翼城。

【14】1943 年 9 月，陈赓奉命回延安参加整风运动。图为中共七大时的陈赓。

【15】1947 年夏，参加中央靖边小河村会议时，陈赓与彭德怀（左一）、贺龙（左二）、王震（右）合影。

【16】 解放战争时期的陈赓。

【17】 1948 年，陈赓在淮海战役前线。

17|18

【18】 陈赓奉命指挥第四兵团和第四野战军的第十五兵团南下广东，于 1949 年 9 月 14 日在江西赣州召开联合作战会议。

【19】 陈赓在越南前线照片 1。

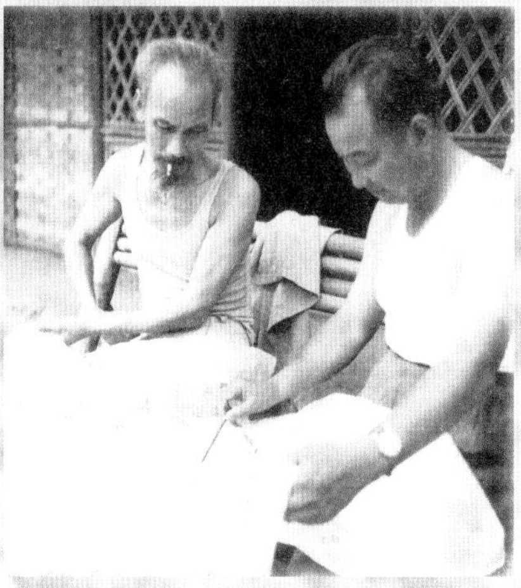

【20】 1950 年 7 月，陈赓奉命赴越南，帮助越共中央组织实施边界战役。图为陈赓与胡志明主席研究攻打高平的战役计划。

【21】 陈赓在越南前线照片 2。

【22】 1951年3月，陈赓被中央军委任命为志愿军第三兵团司令员兼政治委员，在率部出征前腿疾突发，不得不于6月到大连继续治疗。图为到大连视察工作的周恩来前来探视陈赓一家(左起：欧阳钦，陈赓，傅涯，周恩来，邓颖超)。

【23】 1951年秋，陈赓到达桧仓志愿军司令部。图为在志司矿洞外中朝领导人的合影(左起：金雄，朴一禹，金日成，彭德怀，陈赓，甘泗淇)。

【24】 1952年初，陈赓陪同彭德怀等视察志愿军高炮部队。

【25】 1951年秋，陈赓在志司矿洞外留影。

22 | 24
23 | 25

【26】1952 年 6 月，陈赓奉调归国，筹建中国人民解放军军事工程学院（哈军工）。

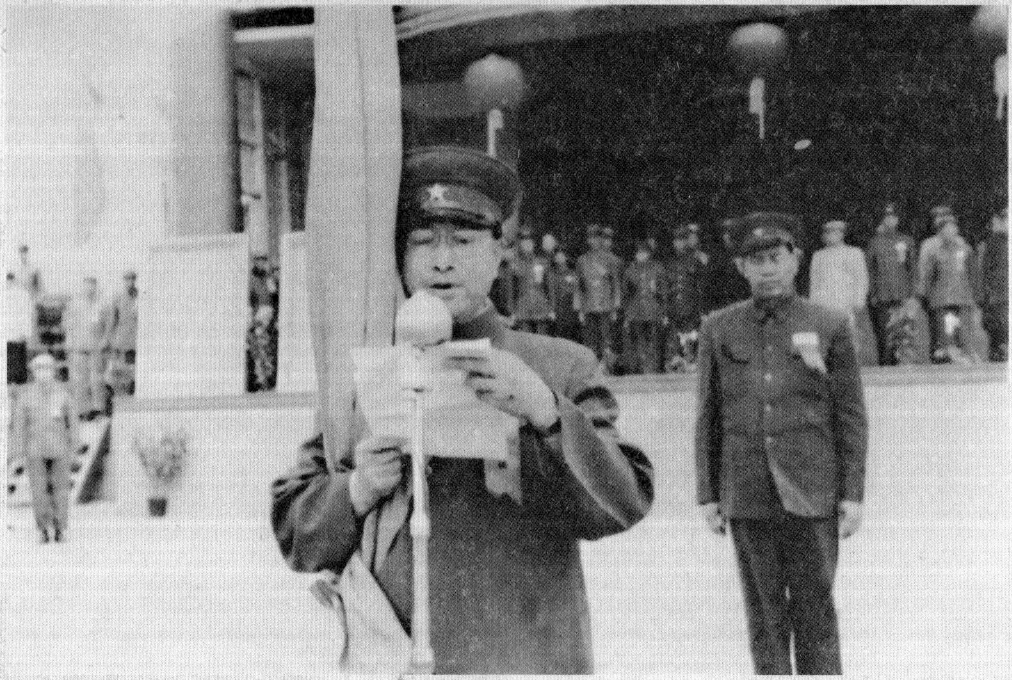

【27】1953 年 9 月 1 日，军事工程学院开学典礼，陈赓接过中央军委的授旗后致答谢词（后为张宗逊副总长）。

【28】 1954 年夏，陈赓在野营训练入营大会上发表讲话（左后为李懋之）。

【29】 1954 年秋，陈赓和刘居英、刘有光等院领导在哈军工实习工厂里检查学员的作业。

【30】 1955 年 9 月，陈赓被授予大将军衔。

【31】 1955年国庆节，在天安门上的合影(右起：陈赓，粟裕，萧华，洪学智)。

【32】

1955年国庆节，陈赓等高级将领邀邓颖超在天安门城楼上合影(左起：李克农，张爱萍，邓颖超，陈赓，刘亚楼)。

【33】1955年冬，陈赓在辽东半岛抗登陆演习现场。

【34】1955年11月，陈赓陪同越南副总理兼国防部长武元甲大将参观哈军工，图为在空军工程系听取康继昌教员(右)介绍教学设备,右二为副院长刘居英。

【35】 1955 年 11 月，陈赓代表国防部为哈军工军官授军衔，左一为黑龙江省委第一书记欧阳钦，左三为副院长刘居英，左四为苏联首席顾问奥列霍夫中将。

【36】 授衔仪式结束后，陈赓在庆贺酒会上向哈军工校官祝酒。

【37】 在授衔仪式后，陈赓与苏联首席顾问和副首席顾问合影。左起：奥列霍夫，陈赓，诺维克，叶果洛夫。

35

36 | 37

【38】 1955 年 11 月，在全军工程兵积极分子代表大会上的合影（局部）（前排左起：萧华，陈赓，彭德怀，陈士榘，萧向荣）。

【39】 1956 年 4 月，陈赓奉命赴越南帮助越共中央工作，图为他在河内驻地工作时的留影。

【40】

1956 年 11 月，陈赓在南京视察。

【41】

1957 年 9 月,陪同聂荣臻元帅在苏联谈判时的陈赓。

【42】

1958 年全家福。

【43】

1959 年全家福。

【44】 1959 年 11 月，陈赓陪同朱德、贺龙、罗荣桓等军委首长到京郊视察坦克部队，听取许光达司令员的汇报。

【45】 1959 年 4 月，陈赓陪同聂荣臻元帅视察南京军事学院时，听取王平政委汇报。

【46】陈赓与傅涯。

【47】1960 年春节，陈赓在广州留园疗养。

【48】1960 年 6 月 19 日，陈赓偕傅涯视察太原 785 厂，与该厂领导及哈军工实习教员、学员合影（前排右二为山西省军区司令员王紫峰中将）。

【49】1960 年 10 月 19 日，陈赓陪同周恩来总理在颐和园介寿堂会见当年黄埔校友（前排左起：周恩来，陈赓，邵力子，张治中，郑洞国；中排左起：李奇中，黄雍，唐生明，覃异之，侯镜如，杜聿明，周振强；后排左起：王耀武，杨伯涛，郑庭笈，周喜彬，宋希濂）。

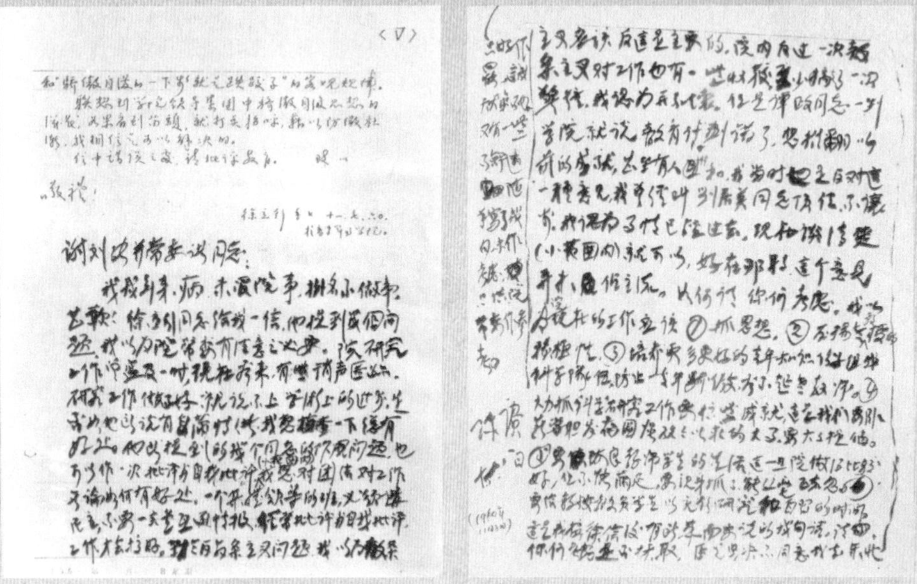

【50】 1960年11月8日，陈赓在徐立行的来信空白处给哈军工党委领导写了一封信，史称“陈赓遗嘱”。

谢、刘、张并常委诸同志：

我几年来有病，未管院事，挂名不做事，甚歉！徐立行同志给我一信，他提到几个问题，我以为院常委有注意之必要。院研究工作曾盛极一时，现在看来，有些销声匿迹。研究工作不做好，就说不上学术上的进步，是否如他所说有自满情绪？我想检查一下总有好处。他所提到的几个同志的作风问题，也可以作一次批评与自我批评（小范围内），我想对团结、对工作无论如何有好处。一个集体领导的班子，必须讲民主，不要一言堂；互通情报，经常批评与自我批评，工作才会搞好。

至于反教条主义问题，我以为教条主义应该反，这是主要的，院内反过一次教条主义对工作也有一些收获，至少敲了一次警钟，我认为并不坏。但是×× 同志一到学院就说教育计划错了，想推翻以前的成就，甚至有人附和，我当时也是反对这一种意见，我曾经叫刘居英同志顶住，不让步。我认为事情已经过去，现在谈清楚（小范围内）就可以，好在那时这个意见并未占主流，如何请你们考虑。

我以为院现在的工作应该：（1）抓思想；（2）发挥老教授的积极性；（3）培养更多更好的青年知识分子，组成科学队伍，防止青年骄傲，看不起老教师；（4）大力抓科学研究工作，要搞些成就，这是我们要卧薪尝胆、发愤图强、孜孜以求的大事，要大大提倡；（5）要改善教师、学生的生活，这一点院做得比较好，但不能满足，要亲自抓，不能丝毫疏忽；（6）要给教授、教员、学生以充分研究和自习的时间。

这是我接徐信后有所想而要说的几句话，请你们考虑是否采取。医生坚决不同意我去东北，只好作罢。这几天天气不好，又有一些不舒适，随手写了几句，未作考虑，只供院常委作参考。

陈赓
十一月八日

【51】 1961 年 2 月在上海丁香花园，这是陈赓与全家的最后留影。

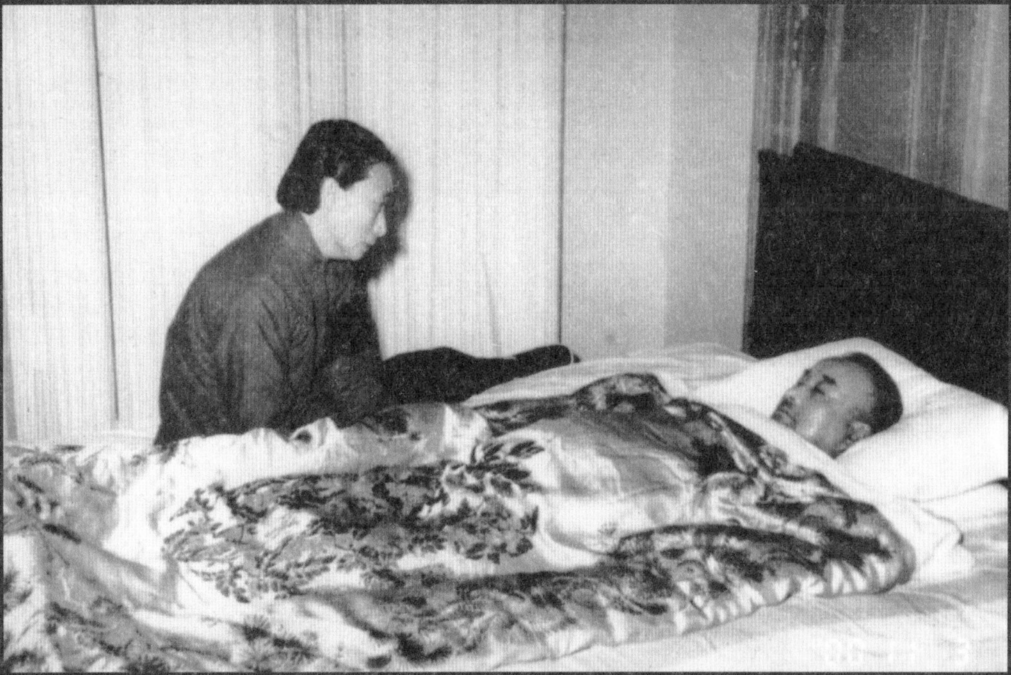

【52】 1961 年 3 月 16 日 8 时 45 分，陈赓在上海丁香花园猝然逝世。傅涯守护在他的遗体旁。

【53】 1961 年 3 月 25 日，党和国家领导人及首都各届人士到中山公园中山堂隆重公祭陈赓（前一排右起：周恩来，林彪，董必武；前二排右起：刘伯承，邓小平，陈毅，彭真）。

【54】 哈军工代表刘居英副院长（左）和徐立行教育长（右）前来吊唁陈赓院长。

【55】

文革浩劫中，陈赓遗孀傅涯深受政治迫害，这是在五七干校里的傅涯。

【56】 1998年是傅涯老人80大寿，陈赓家族四代人大团圆，为老人家祝寿。

【57】 2011年9月，笔者在湖南省湘乡市陈赓故里拜谒陈赓墓园。

【58】 重新修缮的陈赓故居。

参考书目：傅涯.陈赓大将图传[M].北京：解放军出版社，2013.

谢有法

（1917—1995）

1917 年 4 月 16 日，谢有法出生在江西省兴国县长冈乡秀水村一户贫农家中，七八岁时给人家放牛，之后读了几年书。红军来到兴国后，12 岁的谢有法当了儿童团团长，1932 年他加入中国共产主义青年团。1933 年 6 月参加中国工农红军兴国模范师，曾在红三军团任文书，参加了中央苏区反“围剿”。1934 年参加长征。1936 年 2 月转入中国共产党，任红军总政治部组织科干事。

1937 年全面抗战开始后任国民革命军第八路军总政治部副科长，1939 年夏随徐向前、朱瑞东进山东，任国民革命军第八路军第一纵队政治部科长、山东纵队政治部组织部部长。1942 年任山东军区政治部组织部部长。1945 年任新四军兼山东军区政治部组织部副部长、津浦前线指挥部政治部主任、新四军兼山东军区政治部组织部部长。1948 年任华东野战军东线兵团政治部主任。1949 年 1 月 15 日任第三野战军九兵团政治部主任。

新中国成立后，1950 年 10 月赴朝参战，任中国人民志愿军第九兵团政治部主任，参加了第二、第五次战役，1955 年 5 月归国。

1955 年被授予中将军衔，荣获三级“八一勋章”、二级“独立自由勋章”、一级“解放勋章”，任中国人民解放军总政治部组织部副部长。

1958 年 1 月，奉调哈尔滨，接任军事工程学院政治委员、党委第二书记，在哈军工呕心沥血，孜孜办学，培育英才，长达 8 年。1966 年奉调北京，任国家基本建设委员会政治部主任。“文革”中受到冲击，下干校劳动 5 年，在逆境中熬过 10 年才重新工作。1976 年任沈阳军区副政委。1980 年 8 月调任中国人民解放军政治学院政治委员。1983 年任中国人民解放军政治学院顾问。1986 年离职休养。1988 年被授予一级“红星功勋荣誉章”。

离休后谢有法笔耕不辍，留下大量珍贵的历史回忆录。几十年来他兢兢业业，艰苦朴素，严于律己，为官清廉，始终保持老红军的本色，难能可贵。

1995 年 1 月 9 日因病逝世，享年 78 岁。

【02】1936 年红军官兵在保安欢迎美国记者埃德加·斯诺来访，前排左三为谢有法。

【03】罗荣桓与红军官兵高唱战歌。第三排左四为罗荣桓，第二排左三为谢有法。

【04】全面抗战后，1939 年 6 月，谢有法离开八路军总部，随徐向前、朱瑞东进山东，任山东纵队政治部组织部科长。图为谢有法在山东行军途中休息。

【05】1940 年秋谢有法（右一）与山东纵队政治部秘书长吴仲廉（左一）、保卫部部长杜明（左三）等战友合影。

【06】1942 年，谢有法给党员上党课，讲共产党员的修养。

【07】1942 年 5 月，谢有法与山东纵队政治部宣传队党支部书记贺伟在沂水吉拉子结婚。

【08】1943 年冬，迎接新四军部分部队到山东。图为谢有法（后左一）与新四军副军长张云逸（前左一）等领导同志合影。

09 | 10
11

【09】1945 年夏天，谢有法与贺伟在山东滨海地区。

【10】1945 年 10 月，谢有法任津浦前线指挥部政治部主任。

【11】1947 年 8 月，谢有法任华野东线兵团政治部主任。

12	13	14	15
		16	17

【12】上海解放后的谢有法。

【13】入朝作战的谢有法,时任志愿军九兵团政治部主任。

【14】1951 年元旦谢有法(中)在朝鲜剑岭南间伊村与战友合影。

【15】1951 年 12 月,谢有法在坑道中的兵团指挥所。

【16】1952 年夏，贺伟到朝鲜看望谢有法。

【17】1953 年 8 月，朝鲜停战后,谢有法与许世友在平壤合影。

【18】 1955 年 9 月 27 日，谢有法被授予中将军衔，时任总政治部组织部副部长。

【19】 1957 年冬，谢有法在中央党校研究班毕业后与家人在一起。

【20】 1958 年 1 月，谢有法接任哈军工政治委员（着夏常服）。

【21】 1958 年春，谢有法到学员班“五同”，与学员在实习工厂做铸造模型。

【22】1958 年 9 月，彭德怀元帅视察哈军工，图为谢有法陪同彭德怀到军人俱乐部为全院师生员工作报告。

【23】彭德怀元帅在军人俱乐部作报告。

【24】 1959年,谢有法为苏联首席顾问普罗托波波夫佩戴中苏友谊纪念章。

【25】 1960年夏宴请苏联专家及其家属。

【26】 1959 年国庆节，谢有法在哈军工小红楼宅前留影。

【27】 1961 年 7 月 30 日，谢有法（中）陪同谭震林副总理（右）视察哈军工空军工程系（左为系主任唐铎少将）。

【28】

1959 年 12 月，周恩来总理视察哈军工，谢有法陪同参观炮兵工程系。

【29】 1964 年 7 月，谢有法陪同刘伯承元帅视察哈军工，图为刘帅接见院部系的领导干部。

【30】 1964 年 9 月，谢有法陪同叶剑英元帅视察哈军工风洞实验室，岳劼毅教授为叶帅讲解。

【31】 1963 年 8 月，哈军工原子工程系在松花江一处荒滩上进行核爆检测仪器的模拟实验（前排右一谢有法、右二祝玉璋）。

【32】 在松花江畔小憩。

【33】 十年动乱期间，谢有法受到冲击和迫害前后长达10个年头。图为“文革”时期与夫人贺伟、女儿晓群、儿子晓武的全家照。

【34】
“文革”时期，谢有法与夫人贺伟。

【35】 谢有法重新工作后与华国锋等领导同志合影。

【36】 1980 年，谢有法由沈阳军区副政委调任政治学院政委，图为 1981 年 9 月观摩我军华北军演。

【37】 1985 年 8 月，谢有法与贺伟重回哈军工大院，参观哈尔滨船舶工程学院，会见当年一起共事的哈军工战友。

【38】 1985 年 10 月，与宋时轮合影。

【39】 1985 年 8 月，在承德看望王平。

【40】 与堂兄谢滋群同为第六届全国人大代表。

【41】1987 年春节全家福。

【42】谢有法夫妇与孙辈。

【43】 晚年的谢有法笔耕不辍。

【44】 1994 年新年，病中的谢有法和夫人贺伟。

【45】 晚年谢有法在家中写作，为后世留下珍贵的史料。

参考书目：谢兰，卢江林.谢有法将军画传[M].武汉：武汉出版社，2012.

刘居英

（1917—）

刘居英，原名刘志诚，1917年3月31日生于长春市西南郊新立城。“九一八”事变后，不甘当亡国奴的刘居英和哥哥陆平一起勇敢地参加了抗日爱国学潮并秘密加入了中国共产主义青年团。

1935年9月，18岁的刘居英考入北大化学系，并转为中共党员。12月，爆发震惊中外的“一二·九”爱国学生运动，刘居英担任北京大学学生会纠察队队长。后撤离北平，以特派员身份到豫西开展工作。从此，刘居英投笔从戎。

1937年9月，党中央派刘居英赴山东工作。在抗日战争中，刘居英从起义部队的年轻指导员走上山东省政府首任秘书长兼公安总局局长的领导岗位。在艰苦作战的同时，他完成了一项重要的任务：代表中共中央和山东分局两赴湖西、一赴胶东，出色地处理了“肃托”扩大化的复杂问题，保护了一大批革命同志，巩固了敌后抗日根据地的人民政权。

抗战胜利后，作为中央指定的几名先遣干部之

一，刘居英登舟渡海，日夜兼程，先于我十万大军和两万干部，抵达东北开展工作。期间，他在战火中两次出任长春市市长。

我军撤出长春后，刘居英身先士卒，全力筹集军粮，迅速解决大军的燃眉之急，受到东北局的表彰。1946 年 8 月，东北局将他调到哈尔滨管理铁路运输，从此他与铁路结下不解之缘。

1948 年 10 月，刘居英跟随陈云同志接管沈阳，负责抢修铁路、恢复运输，接管沈阳铁路局的工作，确保了平津战役的军运工作。建国初期，他先后出任中央军委铁道部沈阳铁路局局长、东北铁路总局第一副总局长，中长铁路局中方局长。

朝鲜战争爆发后刘居英奉命出征，任前方铁道运输司令部司令员兼政治委员。他不辱使命，指挥运输、抢修、高射炮三支部队，与敌人斗智斗勇，冒死血战，彻底挫败了美军精心策划的旨在摧毁中朝军队后勤供给线的“绞杀战”，建起一条“打不烂，炸不断的钢铁运输线”，为夺取战争的胜利立下不朽功勋。

1954 年，刘居英奉调回国，毛泽东亲自签署任命状，任命他为哈军工副院长，协助陈赓办校。1955 年被授予少将军衔。1961 年 3 月 16 日，陈赓大将病逝，刘居英接任院长。在哈军工的 12 年，他贯彻陈赓院长的教育思想，忍辱负重，励精图治，培育英才，使哈军工跻身于全国著名高校的前列，当之无愧地成为中国国防现代化的人才摇篮和科研尖兵。

“文革”浩劫初期，刘居英遭遇残酷的身心摧残和政治迫害，在长达 3 年连续不断的批斗和铁窗冤狱中，他光明磊落，从容应对，绝不违心地说一句假话，表现了优秀的人格品质。

1971 年 3 月，刘居英被分配到海军工作。“文革”结束后，1978 年 5 月，刘居英调任铁道兵副司令员，在国家进入改革开放的新时期，他全身心地投入工作。曾几上青藏高原，检查指导青藏铁路一期工程建设，分管和主抓“引滦入津”、兖（州）石（臼所）铁路等国家重点工程，在北至新疆，南到广西，西至甘肃，东到山东的铁道兵施工现场留下了坚实的足迹。他以满腔的工作热情，为国家的基础设施建设再立新功。

离休后的刘居英，身体健朗，精神矍铄。他依然关心国家大事，关心他曾付出过心血的国家基础设施建设，尤其牵挂着哈军工各届学子们的成长情况，给他们热情的鼓励。国家和军队的发展日新月异，当年哈军工的学子们一批批地成为国家栋梁和军队将领，哈军工的优良传统在发扬光大，这使他倍感欣慰。

【02】长春自强小学的学生刘居英。

【03】1930年秋，如愿考上吉林师范附中的刘居英同姐姐、姐夫合影。

【04】18岁的刘居英。

【05】北大新生篮球队合影（前排右一为刘居英）。

【06】

1940 年夏，刘居英同山东党政领导在沂蒙山合影(左起:刘居英，陈光，李竹如，朱瑞，艾楚南，陈明)。

【07】1943 年山东军区、山东临时行政委员会领导干部合影。前排罗荣桓(左八)、萧华(左七)、罗舜初(左六)、刘居英(左十)、牟宜之(左九)、谢有法(左四)、周勇(右二)。

【08】 1945 年 11 月 8 日，28 岁的刘居英出任长春市市长。

【09】 1947 年夏，刘居英与东北民主联军炮兵司令员朱瑞在哈尔滨三棵树。

【10】 1946 年秋，刘居英初到哈尔滨，荡舟在松花江上。

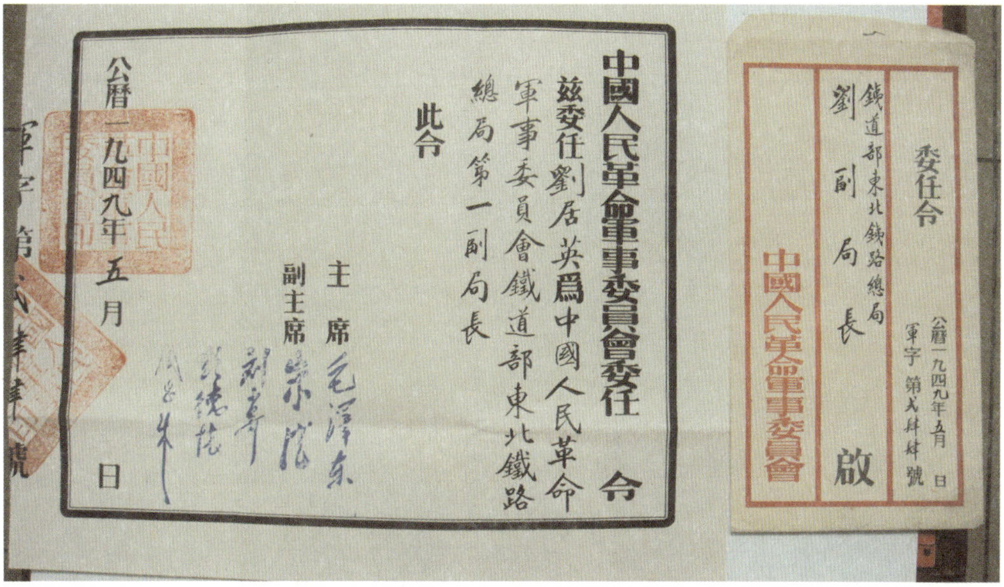

中國人民革命軍事委員會委任令

茲委任劉居英爲中國人民革命軍事委員會鐵道部東北鐵路總局第一副局長

此令

主席 毛泽东

副主席

公曆一九四九年五月 日

委任令

鐵道部東北鐵路總局

劉副局長 啟

中國人民革命軍事委員會

公曆一九四九年五月 日

【11】1949 年 5 月，毛泽东、朱德、刘少奇、彭德怀、周恩来签发的任命书，任命刘居英为军委东北铁路总局第一副局长。

【12】1951 年 5 月，刘居英（右）与苏方局长恩·阿·格鲁尼切夫在中长铁路局“开展工作一年成就展览会”上。

【13】 入朝作战的刘居英。

【14】 刘居英在掩体内工作。

【15】 1951 年秋，刘居英在中朝抢修铁路庆功会上讲话。

【16】 刘居英（左）同朝鲜交通相朴义宛大将（中）在研究工作。

【17】“全家福”照：1952 年刘居英从朝鲜前线回国开会，一家人照了这张刘家唯一的“全家福”。图中：父亲刘宗岳（中右二）、母亲崔星齐（中左二）、姐姐刘以贞（后右一）、哥哥陆平（后左二）、嫂嫂石坚（后左一）、刘居英（后右三）、许良毓（后右二）。

【18】1954 年 2 月 27 日，毛泽东主席任命刘居英为哈军工副院长，自此他辅佐陈赓院长办学。1955 年 1 月 8 日，空军工程系空气动力实验室成立，刘居英在成立仪式上向首任实验室主任马明德教授赠送毛主席塑像。

【19】1955 年 11 月 25 日，陈赓院长在哈尔滨友谊宫宣读国防部长彭德怀授衔命令（右一为刘居英）。

【20】 授衔后的刘居英少将。

【21】 1956 年 5 月，在哈尔滨北京街家中的小院里，在盛开的樱桃花前，留下一张刘居英全家幸福的合影。

【22】访苏期间，刘居英与苏联院校领导人合影。“文革”当中，红卫兵抄家时发现这张照片，误认为这是刘居英与赫鲁晓夫的合影，逼其交待“苏修特务”的“罪行”。

【23】刘居英在招待苏联专家的春节宴会上致辞（左一为代理首席顾问格瓦廖夫中将，右一为中将夫人）。

【24】 1956 年和 1957 年，哈尔滨连续两年遭遇百年不遇的特大洪水，哈军工成为抗洪的主力军。图为刘居英在江堤上同水利专家研究抗洪方案。

【25】 哈军工的抗洪大军，他们坚守的大堤被哈市人民誉为“103 大堤”。

【26】 1958 年 3 月，刘居英为哈军工第一期学员颁发毕业证书。

【27】1959 年 12 月 23 日，周恩来总理视察哈军工。在炮兵工程系，刘居英向总理汇报自行火炮的研制情况。

【28】1959 年 12 月周总理视察哈军工。

【29】 1961 年 3 月底陈赓院长丧礼之后，刘居英（右一）同陈锡联夫妇（右二、右三）前往灵境胡同看望陈赓夫人傅涯（左三）和孩子们。

【30】 1960 年 11 月 15 日，贺龙元帅等将帅视察哈军工，图为贺龙元帅、罗瑞卿大将（后中）视察学员宿舍，受到学员们的热烈欢迎。图中左二为刘亚楼上将，左一为刘居英。

【31】

1961年8月7日，林彪元帅（右二）视察哈军工，在刘居英（右一）陪同下参观海军工程系的电子计算机，听取柳克俊（左一）讲师的汇报。

【32】

1963年10月，彭真副委员长视察哈军工（左一彭真，左二刘居英）。

【33】 十年浩劫中，哈军工是重灾区。图为哈军工红卫兵到极乐寺“破四旧”，批斗众僧人；给省长李范五“剪鬼头”。

【34】 “文革”浩劫中刘居英遭受极为残酷的迫害和身心摧残，他的父母被迫害致死，他被批斗200余次。图为在哈尔滨八区广场的批斗会上，哈军工红卫兵把主管文教的省委书记王一伦也拉来陪斗。

【35】1968 年冬，刘居英出狱后在哈军工文庙图书馆前留影。

【36】刘居英出狱后与夫人留影纪念。

【37】 1972 年，55 岁的刘居英重新穿上军装，出任海军政治部主任。

【38】 “文革”结束后，刘居英出任铁道兵副司令员，图为向杨得志总参谋长汇报铁道兵的战备工作。

【39】 1981 年 12 月，在“引滦入津”工程开工典礼上，工程总指挥刘居英讲话。

【40】 1982 年刘居英率队到青藏线巡视,65 岁时登上了昆仑山。

【41】 1987 年 1 月刘居英离职休养,他关心山东老区的人民，曾多次回莱芜地区看望乡亲们。

【42】 1998 年夏，松花江洪水滔滔，刘居英专程去哈尔滨抗洪第一线，鼓励部队战士（左二为哈军工学子、工程院院士徐玉如）。

【43】 2000 年秋，刘居英为湖南省湘潭市乌石寨（彭德怀家乡）彭德怀纪念馆题词（右为迟万春，左为杨昂岳）。

【44】2003 年哈军工创建 50 周年，刘居英在哈尔滨工程大学参加校庆，与年轻的学子们合影。

【45】2004年4月，刘居英在国防科技大学与黄献忠政委（左）、原政委汪浩教授（右）谈话。

【46】2006年3月，在京的13位上将、中将学子为老院长刘居英祝贺90岁寿辰。前排左起：杨桓，许良毓，刘居英，徐才厚，谢光；后排左起：彭小枫，粟戎生，粟前明，罗东进，郭桂蓉，沈椿年，唐天标，周友良，迟万春，李安东。

【47】1998年元月，刘居英与夫人许良毓在香港。

【48】2004年秋，刘居英夫妇在香山观赏红叶，漫山火红的秋色折射出这对革命老人的灿烂人生。

【49】 2010 年 6 月，93 岁高龄的刘居英赴上海参观世博会，在“上海世博会”丹麦馆前留影。

【50】 哈军工学子、上海市委书记俞正声前来看望老院长。

【51】2012 年夏，国防科学技术大学校长杨学军到家中看望刘居英，并同老院长亲切交谈。

【52】2013 年春节前夕，哈尔滨工程大学领导专程到北京看望老院长，给老院长拜年。左一哈尔滨工程大学党委书记谷焕民；右三为原国务院副秘书长徐志坚；右二为哈尔滨工程大学校长刘志刚；右一为哈军工北京校友会副理事长尚法尊。

【53】2009 年重阳节,93 岁的刘居英登上八达岭长城。

【54】96 岁世纪老人的近照。

【55】2012 年 6 月刘家的全家福。

参考书目：刘智，滕叙兖.刘居英画传[M].哈尔滨：哈尔滨工程大学出版社，2013.

刘有光

（1914—2001）

1914 年刘有光出生在河北省景县窑上村。1933 年在北平加入中共外围组织互济会。1935 年加入中国共产主义青年团。参加了“一二·九”爱国学生运动。1936 年春被叛徒出卖，被关押到北平军人反省分院，由于他坚贞不屈，受到狱中党组织的肯定，遂批准他由团转党。

抗日战争时期，刘有光任山西青年抗敌决死队第一总队连政治指导员，营政治指导员，政治部组织科科长、主任，总队政治委员，第一总队政治部副主任，太岳军区第 军分区政治部主任，太岳总队第十一旅政治委员。参加了百团大战和太岳抗日根据地反“扫荡”的战役战斗。解放战争期间，任晋冀鲁豫野战军第四纵队政治委员兼中共南昌市工委书记。参加了上党、同蒲、吕梁、晋南、汾孝、浮山、豫西、淮海、渡江、弋阳、南昌、两广等战役战斗。

中华人民共和国成立后，任中国人民解放军第四兵团兼云南军区政治部主任。1952 年赴朝作战，任志愿军第三兵团政治部主任。1954 年奉调哈军工，任政治部主任、副政治委员，努力正确贯彻党的知识分子政策，践行陈赓院长“老干部是端盘子的”名言。1957 年底出任国防部第五研究院政治委员，后出任国防科委副政委兼第七机械工业部副部长等职。

“文革”中刘有光陷入“六十一人叛徒集团”冤案里，受到残酷迫害，大难不死。“文革”后又回到国防科技战线，出任过国防科委政治委员、国防科工委政治委员兼政治部主任等职。参与组织领导了我国远程战略火箭、潜射导弹和我国第一颗地球同步通信卫星等重大科研试验任务，获得圆满成功。在开创我国以“两弹一星”为代表的航天伟业的漫漫征程中，老将刘有光居功至伟。

1955 年刘有光被授予少将军衔，荣获二级“独立自由勋章”、一级“解放勋章”，1988 年被授予一级“红星功勋荣誉章”。

2001 年 7 月 4 日刘有光在北京逝世，享年 87 岁。

【02】 在朝鲜战场上与战友的合照，刘有光（前排中）、秦基伟（前排左）、张子明（二排左一）。

【03】1955 年授衔后的全身照。

【04】 刘有光陪同陈赓为哈军工校官授军衔。

【05】 刘有光在大会上讲话。

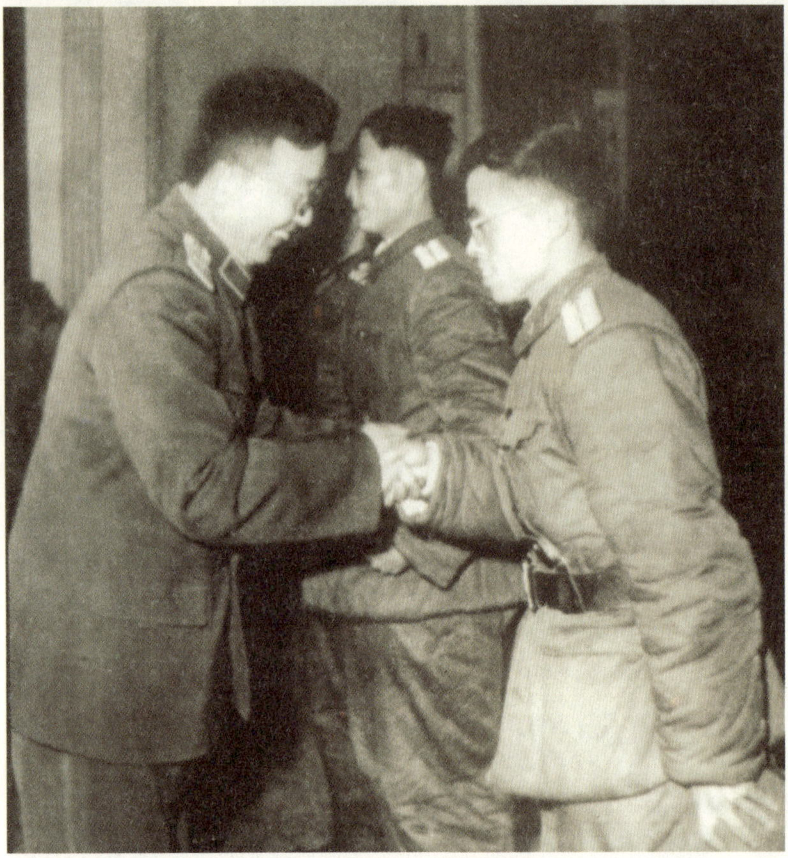

【06】

刘有光为第一期优秀学员颁奖。

【07】

在国防部五院时，刘有光（右）与刘亚楼（中）、张钧（左）检查工作。

08 09
10

【08】“文革”时刘有光遭受残酷迫害，这是当时的一张照片。

【09】“文革”后重新工作的刘有光。

【10】1983 年 12 月，国防科工委政委刘有光（左四）视察航天四院，与刚取得重大科技成果的四院科技人员合影（部分），坐在他右边的是四院院长邢球痕（左三）。

【11】 1985 年，唐瓦柳应苏联驻华大使馆邀请来北京参加招待会，刘有光（右）偕夫人刘佩雄（左）到宾馆看望唐瓦柳。

李懋之

（1907—2009）

1907 年农历 11 月，李懋之出生在山西省襄垣县五阳村。少小离家闯世界，1927 年，19 岁的李懋之从军入伍，在冯玉祥的西北军当兵，他勤奋好学，很快升为基层军官。1931 年，追随吉鸿昌在察哈尔抗击入侵日寇，1938 年他参加八路军，1943 年加入中国共产党。

抗日战争时期，李懋之历任山西青年抗敌决死队第一纵队游击大队副大队长、副营长、二一六旅参谋主任、八路军太岳纵队二十五团参谋长、抗日军政大学太岳分校参谋长等职，参加了耿壁奇袭战、百团大战、围困沁源等战役战斗，屡建奇功而闻名军中。

解放战争时期，他历任处长、豫陕鄂军区参谋长、豫西军区参谋长、河南军区副参谋长等职，参加了同蒲、临汾、吕梁、晋南、保卫延安、豫西剿匪等战役战斗。

中华人民共和国成立后，李懋之赴朝参战，任

中国人民志愿军第三兵团副参谋长，参加了第5次战役、1951年阵地防御作战等战役，回国后跟随陈赓创办军事工程学院(哈军工)，先后担任学院副教育长、物资保障部部长、教育长、副院长，是陈赓院长办学所倚重的主要助手之一。“文革”中他受到冲击，多年没有工作。1975年秋出任第二炮兵副司令员等职，直至离休。他在数十年的军旅生涯中为我国的国防科技教育事业和国防现代化建设作出了重大贡献。

李懋之在1955年被授予大校军衔，1961年晋升少将军衔，曾荣获二级“独立自由勋章”、一级“解放勋章”，他还荣获朝鲜民主人民共和国二级“自由独立勋章”，1988年7月被中央军委授予“中国人民解放军独立功勋荣誉章”。

2009年2月11日，李懋之久病不起，在北京溘然长逝，享年102岁，是哈军工将军中唯一的百岁将星。

【02】抗战时期李懋之与妻子兰风。

【03】新中国成立初期李懋之夫妇和两个女儿李莉、李辉。

04
05 06

【04】 怀抱陈知建。

【05、06】

新中国成立初期李懋之单人照。

【07】 在朝鲜前线三兵团指挥所里(图中前为副司令员王近山,后为副参谋长李懋之)。

【08】 在朝鲜前线,李懋之在树林里召开会议。

【09】1953 年 9 月 1 日下午哈军工举行盛大开学典礼，
李懋之代表学院领导检阅各部系的队列。

【10】哈军工开学典礼，李懋之向张宗逊副总长、陈赓院长报告分列式开始。

【11】 1960 年 7 月在高等军事学院的毕业合照（前排左起：张贤约，熊伯涛，邱创成，傅崇碧，杨焕民；中排左起：李懋之，金振钟，张铚秀，桑子贞，邓岳，夏志；后排左起：袁捷，尤太忠，马尔果夫）。

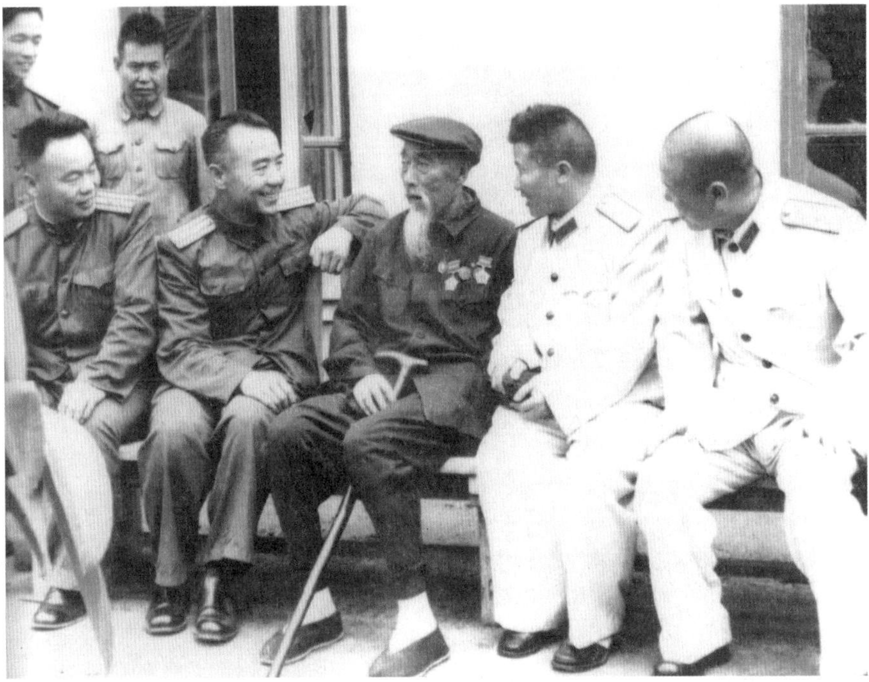

【12】 1961 年春节假日慰问东北抗联老战士。

【13】 20 世纪 60 年代李懋之和夫人兰风。

【14】 20 世纪 60 年代的全家福。

【15】1957 年 9 月，李懋之向粟裕大将等首长介绍哈军工全院布局。
（图中左起：李懋之，徐立行，粟裕，陈士榘，邓华，王尚荣）

【16】1963 年 6 月 18 日，陈毅元帅为全院作报告，李懋之坐在右边。

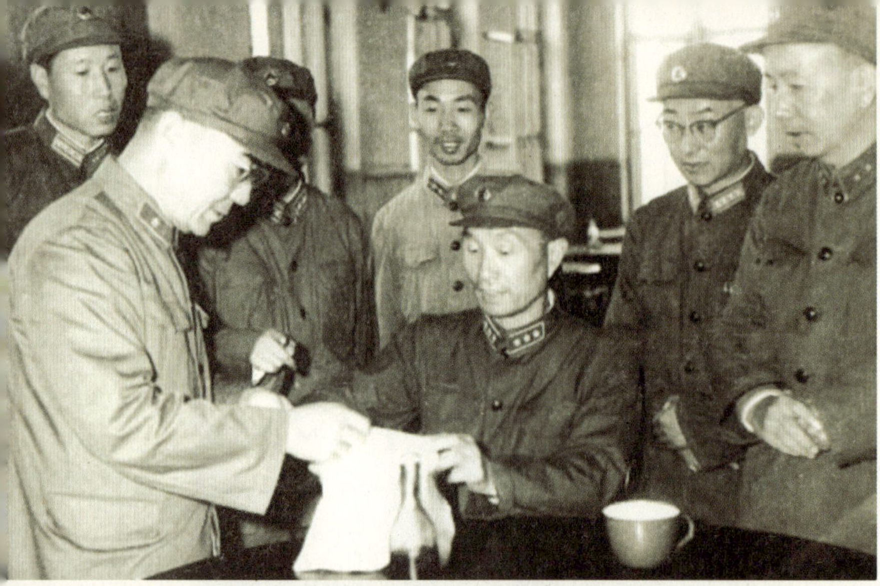

【17】1963年9月1日，哈军工庆祝建院10周年，张爱萍副总长代表中央军委率团参加校庆。图为李懋之向张副总长汇报工作，右一为总政徐立清副主任。

【18】1964年7月刘伯承元帅视察哈军工，在检阅全院学员时李懋之在刘帅右侧陪同。

【19】在哈军工时的李懋之和夫人兰风。

【20】哈军工时期在野外察看地形。

【21】 1976 年 10 月，祸国殃民的"四人帮"一朝覆灭，李懋之和二炮领导同志及机关干部参加游行，庆祝人民的胜利（前排左起：向守志，陈鹤桥，李懋之，符先辉）。

【22】“文革”乱世，李懋之受到冲击，多年失去工作，直至 1975 年 8 月才出任二炮副司令员，这是他在二炮的会议上讲话。

22
23 | 24

【23】李懋之陪同李达副总长（左）视察二炮基层部队。

【24】李懋之与二炮领导在察看地形。

【25】 在二炮某基地视察中小憩(右李懋之、左盛治华)。

【26】 李懋之(二排左一)和李达副总长(二排左三)以及二炮其他领导在二炮某基地。

【27】 视察工作途中在娄山关的集体留影。

【28】 向军委秘书长罗瑞卿汇报工作(左为张爱萍)。

【29】 向洪学智汇报工作。

28
29 | 30

【30】 陪同许世友(右二)视察二炮某基地，听取基地司令员张煌汇报(左一)。

【31】1977 年 9 月随杨成武为团长的军事代表团访问罗马尼亚。

【32】1977 年 9 月随杨成武为团长的军事代表团访问法国。

【33】出访期间与代表团成员曹里怀（中）、刘道生（右）合影。

龍門

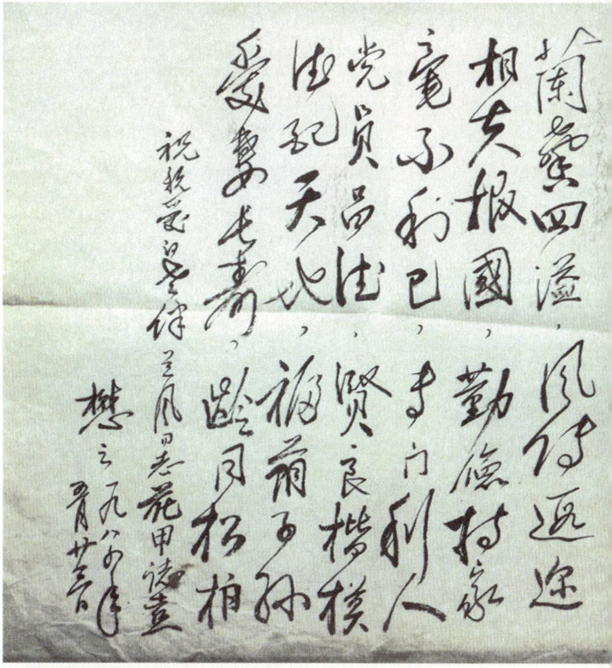

34		37	38
35	36		39

【34】不到长城非好汉。

【35】在昆明龙门。

【36】情寄松柏。

【37】人间重晚情，李懋之和夫人兰风的晚年照。

【38】1982 年 6 月李懋之离职休养，这是离休后与老伴兰风在家中。

【39】在老伴花甲之年，李懋之为兰风写下祝寿诗。

【40】外出旅游小照。

【41】含饴弄孙乐融融。

【42】孙辈长成美少年。

【43】李懋之、兰风与他们的儿女(左起:李莉,李辉,李锐,李庆)。

【44】 全家福。

【45】任新民和梁守槃两位院士看望93岁的李懋之。

【46】 老寿星的百岁寿宴(4 组图)。

【47】 五弟李新吾(左)、六弟李新业(右)来为老哥哥祝寿。

【48】 百岁老将军的灵堂。

李开湘

（1910—1999）

1910年秋李开湘出生在四川省苍溪县四蛮寨的贫困农家，中学辍学，回乡当小学教员。1932年参加白区地下党的工作，1933年加入中国共产党，参加了在五郎庙垭举行的农民暴动，组织了游击队，李开湘任独立营营长。8月，他参加了红四方面军，任红四方面军第三十军八十九师政治部油印员。长征后任援西军政治部秘书、宣传干事。

抗日战争时期，任八路军一二九师政治部宣传干事，先遣纵队政治部组织科代科长，一二九师政治部组织科科长，太行军区第五军分区政治部主任，负责敌工工作，他派遣敌工干部打入敌军内部，收集情报，瓦解敌军，同时组织武工队，深入敌占区打击敌人。

解放战争时期，任晋冀鲁豫野战军第六纵队政治部组织部部长，第二野战军十二军政治部主任，他发现和总结了王克勤这一典型，开展了学习王克勤运动。《解放日报》为此发表社论，号召全军学习

这一经验。

中华人民共和国成立后，任西南军政大学川东分校副政治委员。1951 年，入朝作战，担任十二军政治部主任，第三兵团干部部部长。回国后，他历任中国人民解放军军事工程学院（哈军工）干部部副部长，军事工程学院干部部部长、导弹工程系政委，学院副政治委员。“文革”前奉调国防科委三十一训练基地，历任司令员、政治委员，李开湘在大草原一干就是 14 年，为我军常规兵器科研试验作出重要贡献。1979 年任总后勤部顾问。1955 年被授予少将军衔。曾获三级“八一勋章”、二级“独立自由勋章”、一级“解放勋章”、一级“红星功勋荣誉章”、朝鲜二级“国旗勋章”。

作为我军优秀的政治工作干部，老红军李开湘为我军的革命化和现代化建设贡献了毕生的精力。

1999 年 3 月 15 日李开湘在北京逝世，享年 89 岁。

02 | 03
04

【02】1946 年，李开湘与夫人刘子文在山西武乡县。

【03】解放战争时期的李开湘。

【04】1949 年，李开湘与夫人刘子文在湖北沙市(大孩子是养女韶华,小孩子是长女征征)。

【05】1951 年春赴朝参战前与老战友在武汉的合影。

【06】在朝鲜驻地欢迎祖国派来的慰问团(左三为李开湘)。

【07】到朝鲜看望李开湘的刘子文。

【08】在朝鲜战场的李开湘。

【09】 双胞胎儿子大宁与小宁出生时，李开湘把老妈妈接来南京，全家三代人的全家福照。

【10】1955 年授衔后李开湘与夫人刘子文的合影。

【11】1958 年 6 月 17 日,刚刚调任哈军工干部部部长的李开湘奉命代表学院党委宣布右派分子名单。

【12】1964 年 9 月叶剑英元帅视察哈军工，与李开湘等院部系领导干部握手。

【13】“文革”时代李开湘和刘子文在31基地大门前合影。

【14】“文革”结束后的全家福。

【15】 在总后大院留影。

【16】1979 年 9 月李开湘离开工作了 14 年的基地，调到北京，出任总后顾问。

【17】李开湘夫妇与大女儿征征、大女婿的合影。

【18】

1985 年 4 月,李开湘夫妇与罗青长结伴在四川仪陇朱德家乡参观。

【19】李开湘与大儿子李大宁。

【20】1985 年 4 月，李开湘夫妇与罗青长结伴在四川原川陕苏区考察。

【21】 李开湘在故乡苍溪亲自调查红军遗族的生活情况。

【22】 1990年的八一建军节，李开湘在庭院里留影。

【23】 离休后的李开湘坚持看书学习，和老伴刘子文成为书法爱好者。

【24】李开湘在书房。

【25】晚年的李开湘抱着孙儿，享受天伦之乐。

徐立行

（1911—1985）

徐立行，原名俞献诚，1911 年 3 月出生于上海浦东高桥镇一清贫的职员家庭。

1927 年春，正是北伐军挥师江苏、浙江两省之际，他在南京投军入伍。1932 年参加过“一·二八”淞沪抗日战争，任十九路军连长的徐立行率部英勇杀敌。1937 年参加武汉新四军军部筹备处工作。1938 年加入中国共产党。抗日战争时期，入中国人民抗日军政大学、延安马列学院学习，后任八路军前方司令部训练股股长、参谋训练队队长、秘书，八路军驻洛阳办事处秘书主任。返回延安后在八路军军政学院学习，后为军事学院高干队学员兼第一区队区队长，中共中央统战部工作人员。

解放战争时期，任晋冀鲁豫军区第三纵队参谋处处长，皖西军区副参谋长，第二野战军特种兵纵队参谋长，第二野战军军政大学教育长。中华人民共和国成立后，任西南军政大学教育长，第二高级步兵学校副校长。

1952年夏跟随陈赓创建中国人民解放军军事工程学院(哈军工),任教育长,是陈赓倚重的办学助手,为哈军工的发展壮大作出重要贡献。1958年在反教条主义运动中受到错误的批判,1961年9月调任国防部第六研究院副院长,第三机械工业部第六研究院副院长。1955年被授予大校军衔,1964年晋升为少将军衔。

在“文革”中,徐立行受到残酷的迫害,直至1978年才彻底平反。1982年离职休养。

1985年10月22日徐立行因患肾癌在北京逝世,终年74岁。

【02】青年徐立行在十九路军从军时的留影。

【03】在西南军大时期的徐

【04】 与贺龙(右)、刘华清(左二)合照。

【05】 1950年徐立行与西南军大校务部干部合照(前排左起:张吉乡,穆栋材,徐立行,武承先,申文勋;中排左二陈俊;后排左起:杨川,张杰,肖连山)。

【06】在二高步校时期徐立行与同志们在校园里的合影。

【07】1951 年 5 月第二高级步校举行授旗仪式，徐立行检阅学员队列。

【08】1952年秋筹建哈军工时期的徐立行。

【09】1954年在北京的留影。

【10】1955年初在哈军工第一次科研工作会议上作报告。

【11】 徐立行和王雅琴在重庆的结婚照。

【12】 在哈军工时的全家福。

13 | 15
14

【13】1955 年 11 月授衔后陈赓向徐立行祝贺。

【14】1957 年 6 月出访前的照片。

【15】1956 年 10 月在哈军工的军礼服照。

【16】与高步昆教授一起访问苏联军校时的合影 1。

【17】与高步昆教授一起访问苏联军校时的合影 2。

【18】 1961 年在高等军事学院的结业照。

【19】 1961 年徐立行调到国防科委六院，任副院长，这是与六院科技部的同志合影。

【20】 1964 年 2 月 20 日在北京友谊宾馆参加中国航空学会成立大会时主席团成员与工作人员合照(前排左一徐立行、左二沈元、左四唐铎;二排右三梁守槃;三排左三庄逢甘)。

【21】 1965 年在国防部六院与总工程师室同志合影。

【22】在六院工作期间检查某基层实验室。

【23】 文革结束后，徐立行出访英国时在马克思墓地留念。

【24】 1983 年重访抗战时期洛阳八路军办事处旧址 1。

【25】 1983 年重访抗战时期洛阳八路军办事处旧址 2。

【26】 离休后的徐立行。

【27】 20 世纪 80 年代的全家福。

张衍

（1917—2003）

原名张剑凯，字任侠，祖籍山东省滕县，1917年4月出生于安徽省灵璧县大庙乡高宅村。

1928年就读睢宁李集小学，少年时期就向往革命，“九一八”事变后参加学生抗日义勇军。1935年参加学生救国会，声援“一二·九”学生运动。1937年秋奔赴延安参加八路军，入抗日军政大学学习。1938年2月入党，历任抗大总校政治教员、大队主任教员。同年4月由“抗大”选送“马列学院”第一期学习班学习。11月调回抗大工作，历任政治教员、主任教员、第六分校政教科科长、八路军前方指挥部情报处三科科长。

解放战争时期，1945年11月任民主建国军政治部组织部长兼军官训练团教育团长，以政治教育为主改造起义部队。1947年8月任晋冀鲁豫野战军九纵队敌工部部长，南渡黄河转战于伏牛山地区。同年11月受命组建豫西军区第五军分区，任地委副书记兼军分区副政委，深入发动群众，组织地方

武装，半年组建5个独立团。采取剿、编并进方针，将匪乱迅速平息。1948年秋调中原军政大学任政治部副主任，过江后任第二野战军军政大学政治部宣教部部长。

新中国成立后，历任西南军政大学政治部副主任，第二高级步校政治部主任、代理党委书记。1952年参与筹建军事工程学院（哈军工），任政治部副主任、主任。1965年奉调西安，任军事电信工程学院政委。

1955年授予大校军衔，1961年晋升少将军衔。

“文革”浩劫中受到残酷迫害。平反后历任国防第十研究院党委书记、国家计委副主任、国防科技大学校长、国防科委副主任兼国防科技大学校长等职，曾任第六、第七届全国政协委员。

1990年被授予中国人民解放军独立勋章。1998年离休。

2003年8月3日张衍在北京因病逝世，享年86岁。

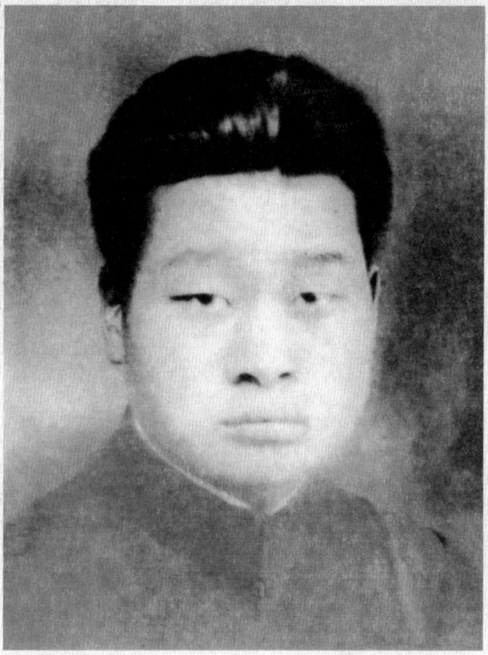

【02】1931 年在江淮中学的张衍，报名参加抗日义勇军时的留影。

【03】青年张衍，时年 19 岁。

【04】1946 年春在太行山的张衍和夫人程倩。

【05】张衍（左）与豫西五分区的领导同志。

06 07
08

【06】1948 年任豫西五分区副政委的留影。

【07】1950 年初，张衍（中）从南京二野军进军大西南途中休息时留影。

【08】1950 年被评为西南军区模范干部。

【09】 在二高步校时期与刘华清（左）的合照。

【10】 1951 年春，在重庆的张衍一家，站在程倩前面的是女儿张晋，张衍怀抱的是儿子汀江。

【11】 1953 年在哈军工。

【12】 20 世纪 60 年代初的
全家福。

【13】1961 年晋升少将后张衍与夫人程倩的合影。

【14】 1965 年在哈军工。

【15】 1965 年秋张衍出任西安军事电讯工程学院政治委员。

【16】 十年浩劫中张衍受到残酷的迫害，获平反后奉命赴京履新，西安的哈军工校友到火车站欢送他。

14 | 15
16

【17】 1983 年留影，时任国防科工委副主任
兼长沙国防科学技术大学校长。

【18】张衍校长与曹鹤荪副校长。

【19】张衍校长（左三）在国防科技大学，左一为张良起，左二为慈云桂。

【20】张衍校长陪同余秋里视察国防科学技术大学。

【21】张衍校长陪同洪学智视察国防科学技术大学。

【22】出访 1。

【23】出访 2。

【24】 在黄果树瀑布前留影，远望青山，壮心不已。

【25】 张衍在哈军工时学会游泳，1964 年带儿子汀江横渡松花江，在全院传为佳话。他长期坚持游泳，锻炼身体。

【26】改革开放新时代的全家福。

【27】1998 年张衍离职休养，这是一位深圳摄影家为他拍摄的一张特写。

【28】 张衍和夫人程倩出行太行山，在八路军总部留影。

【29】 2000 年秋，在国防科学技术大学举行的哈军工全国校友联谊座谈会上，哈军工学子迟万春（左）、笔者（右）与张衍校长合影。

【30】 张衍经常参加社会活动，为年轻一代讲革命传统。

【31】 同上。

【32】 张衍夫妇与老战友刘华清夫妇。

32 | 33
34

【33】 离休后的张衍笔耕不辍，作诗写字。

【34】 1990 年 3 月与余秋里一起会见二高步校校史研究会成员。

【35】享受抱孙的快乐。

【36】祖孙对弈。

【37】和孙辈在一起的时候。

【38】孩子们回到家里。

【39】晚年学习点少林功夫。

【40】金桔飘香。

【41】相濡以沫，
伉俪情深1。

【42】相濡以沫，
伉俪情深 2。

怀念陈赓，怀念军工，这是军工人共同的心声。一九九八年，军工四十五周年之际，我写了一首四言诗，名曰《军工颂》。

军　工　颂

陈赓大将，受命疆场。
人才开发，创建学堂。
军工育人，德才优良。
宜军宜政，亦工亦商。
科技攻关，竞我所长。
常规尖端，国力增强。
两弹一星，屡试锋芒。
国防科大，继承发扬。
银河神算，威震八方。
科学科研，相得益彰。
桃李天下，国运恒昌。
中流砥柱，神州辉煌。

张子明

(1918—1991)

山西省离石县人，1933 年在北平参加中国社会科学家联盟。1934 年被捕入狱，1935 年在狱中加入中国共产党。1936 年出狱后，遵照党的指示，张子明返回原籍山西，历任山西青年抗敌决死队第一纵队二总队政治部民运股股长，纵队政委办公室秘书，第二十五团营政治教导员，团政治处副主任，八路军一二九师三八六旅七七二团政治处主任，团政治委员，参加了百团大战。

解放战争时期，任晋冀鲁豫野战军第四纵队十旅二十八团政治委员，西北民主联军三十八军十七师副师长，第二野战军十四军四十二师政治委员。参加了上党、淮海、渡江、滇南等战役。

中华人民共和国成立后，历任中国人民解放军师政治委员兼中共云南省丽江地委书记，中国人民志愿军第三兵团政治部组织部部长，中国人民解放军军事工程学院科教部副部长，教育长，副政治委员，昆明军区副政治委员，铁道兵副政治委员。

1955 年授大校军衔，1961 年晋升少将军衔，曾获二级“独立自由勋章”、二级“解放勋章”、一级“红星功勋荣誉章”。

1991 年 6 月 23 日在北京病逝，享年 73 岁。

【02】1934年张子明被捕入狱，他坚贞不屈，不吐露任何秘密，狱中党组织根据他的表现发展他为中共党员。1936年出狱后，遵照党的指示回到山西，这是他当时在太原的留影。

【03】抗战时期任八路军七七二团政治部主任。

【04】1941 年张子明任山西决死队二十五团政治部主任时与副团长刘丰（左）的合影。

【05】1945 年抗战胜利后，出任七七二团政治委员。

【06】 1948 年，张子明奉调陕南军区十七师，任副师长，带领十七师五十一团参加了淮海战役。图为张子明赴十七师前与战友们的合影（前排左起：十旅副旅长周学义，十旅二十八团政委张子明，十旅参谋长胡锦弟；后排左起：十旅二十八团团长赵华青，十旅旅长周希汉，十旅二十八团副团长兼参谋长王非）。

【07】

1948 年在河南舞阳与十旅二十八团团长赵华青（左）、十旅二十八团副团长兼参谋长王非（右）合影。

【08】1951 年春赴朝参战前的留影。

【09】1952 年任志愿军三兵团政治部组织部部长时摄于朝鲜前线。

【10】1953 年金城战役后与十五军代理军长李成芳（左）于朝鲜前线合影。

【11】1953 年与三兵团政治部宣传部部长裴光(右)合影。

【12】1954 年陈赓点名把张子明调到哈军工，先任科教部副部长，后任教育长，这是在哈军工校园里的照片。

【13】1956 年在北京的一张便装照。

【14】在小红楼区家里的小照。

14 | 15
16

【15】1961年在哈军工晋升少将后的照片。

【16】在哈军工校园里。

【17】 1962 年出差云南，在去丽江途中的留影。

【18】“文革” 中的一张纪念照，此时已经“靠边站”，正在接受审查。

【19】

1973年，在总政主任李德生的过问下，一起受审查多年的6位将军离开了牛棚，这是他们到韶山参观时的合影（左起：秦基伟，张力雄，李成芳，张子明，胡荣贵，王蕴瑞）。

【20】

离开湖南的牛棚回到昆明，等待重新分配工作时的一张逆光照，反映出张子明当时的郁郁心情。

【21】

1946 年 5 月孔从洲将军发动反内战起义，成立西北民主联军第三十八军，孔从洲任军长，下辖十七师、五十五师，后张子明调任十七师副师长，是孔从洲的部下。1974 年孔从洲到云南，张子明陪同老首长（中）游览石林。

【22】 1979年彻底平反后，张子明出任铁道兵副政委。他回到离别数十年的离石老家，看望父老乡亲。

22
23 24

【23】 1980年在新疆戈壁滩视察筑路部队。

【24】 抱着部队驻地的维吾尔族小女孩照张相，年过花甲的张子明心情愉悦。

【25】 1982 年,张子明与当年的狱中难友聚会,其中王维纲(左三)、李之链(左一)是他的狱中入党介绍人,左四是难友李雪炎。

【26】 1984 年张子明(居中)在部队农场视察时的合影。

【27】 1985 年军装照。

【28】 1984 年张子明在沈阳军区参加整党工作时到火车站迎接薄一波来沈阳，右一为时任沈阳军区司令员的李德生。

【29】 1987 年 6 月，原哈军工老领导应邀到长沙参加国防科学技术大学召开的校史座谈会。会后，张子明与许鸣真（左）结伴到常德桃花源游览。

【30】1987 年张子明偕夫人王维勤到云南参加四兵团老部队建军 60 周年纪念活动，与陈赓夫人傅涯(中)合影。

【31】张子明夫妇在昆明的老住宅前留念。

【32】张子明夫妇在西双版纳。

【33】张子明夫妇在贵州黄果树瀑布前。

【34】张子明夫妇在北京的宅院里赏花。

唐铎

（1904—1983）

唐铎，原名唐灵运，字金城，1904年出生于湖南益阳县。1919年，在北京参加“五四”运动。1920年，赴法国勤工俭学，参加了“工学世界社”“二八”运动。1921年，因参加留法学生进占里昂中法大学的斗争，于10月被押送回国。1923年，到广东孙中山大元帅府航空局属下的广州飞机制造厂当实习生。1924年，被录取为国民革命军军事飞行学校学生，加入国民党并入飞行学校学习飞行。1925年10月，受广州国民政府派遣到苏联，入空军第二飞行学校学习。1926年，加入中国共产党。

1927年，大革命失败后，拒绝回国为国民党政府服务，继续在苏联空军院校学习。后毕业于茹可夫斯基空军工程学院，获航空军械机械工程师学位，任苏军少校。参加了苏联卫国战争，在与德国法西斯的空战中战功显赫而荣获苏联国家最高奖励——苏联卫国战争勋章，并获一枚“列宁勋章”、一枚“红旗勋章”、一枚“红星勋章”。1945年，

升任中校教官。

1953年4月，在中国领导人多次交涉下，唐铎终于告别了曾经生活28年的苏联，回到祖国。5月任中国人民解放军军事工程学院空军工程系主任、系党委书记，参与学院的创建工作。在空军工程系的10年中，主持建立了27个教研室，创建了飞机发动机、航空军械设计、航空仪表、航空无线电、飞机场建筑、航空气象六个专业，为中国空军的建设和培养航空技术人才作出重大贡献。1955年，被授予空军少将军衔。

1964年，调到辽宁大学工作，任校党委常委、副校长。“文革”中，受到江青、康生一伙的诬陷迫害，在铁窗中经受7年的炼狱煎熬。1978年，得以彻底平反。后任中共辽宁大学党委副书记、辽宁省政协副主席。

1983年11月20日，唐铎在沈阳病逝，享年80岁。

【02】1920年，身穿白衣和短裤的16岁少年唐铎在法国蒙达尼市勤工俭学时与同学的合影，右侧站立者即是著名妇女领袖向警予。

【03】1921年春，唐铎17岁生日时在法国巴黎的纪念照。

04 05
06 07

【04】 1927 年，在苏联留学时的唐铎。

【05】 1930 年代在苏联留学时的唐铎。

【06】 1930 年代在苏联军校任教时的唐铎。

【07】 与唐瓦柳结婚后有了第一个孩子。

【08】 归国前夕的全家福(左起:唐瓦柳,瓦佳,维佳,唐铎)。

【09】 在苏联时期荣获的各种勋章和奖章。

【10】1953 年 5 月回到北京后，与当年的留苏老同学徐介藩（左）、常乾坤（右）合影。

【11】1954 年，唐铎的哥哥从湖南老家到哈尔滨看望弟弟一家人。

【12】1955 年 9 月授军衔时，空军少将唐铎的全身照。

【13】授衔后唐铎的全家福。

【14】20世纪60年代初唐铎的全家福。

【15】参加国庆观礼照。

13 | 14
15

【16】 1959 年 12 月，向视察哈军工的周恩来总理介绍空军工程系机载计算机的科研成果。

【17】 1957 年 5 月，向视察哈军工的朱德副主席介绍空军工程系的情况。

【18】1957 年 7 月在苏联访问时与刘居英、任新民、徐立行等参观茹可夫斯基空军工程学院。

【19】在大和旅馆与苏联代理首席顾问格瓦廖夫(右)互相敬酒(左一为赵唯刚，后为翻译陈元兴)。

【20】 20 世纪 60 年代，哈军工空军工程系领导集体照（前排左起：罗时钧，沈伯英，唐铎，沙克，马明德；二排右一董绍庸，四排右二岳劼毅）。

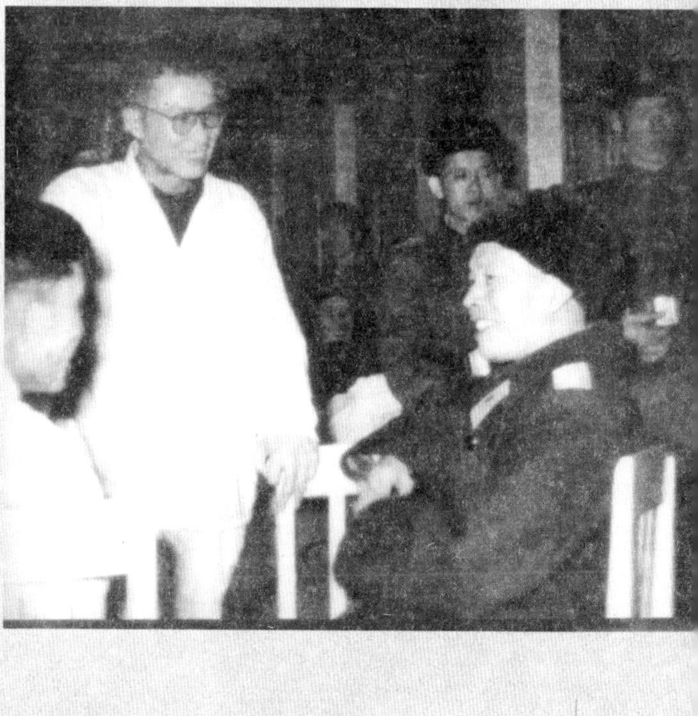

【21】 春节假日到医院看望住院的师生。

【22】1964 年 4 月，唐铎被转业离开哈军工到辽宁大学任副校长。临行时哈军工领导李懋之、李开湘、黄景文及空军系干部教员多人到哈尔滨火车站为唐铎一家送行。

【23】在哈尔滨火车站，李懋之与唐铎依依惜别。

【24】 1979 年 1 月唐铎参加长沙工学院马明德等六教授平反昭雪大会(右一钱学森,右四徐立行,右五唐铎)。

【25】 “文革”后唐铎恢复工作,在辽宁大学作报告。

26 | 27
28

【26】 1977 年唐铎与儿子瓦佳在北京天坛留影。

【27】 1979 年唐铎随辽宁省政协参观团到西安时在临潼的留影。

【28】 唐铎晚年仍坚持锻炼身体，这是冬天早晨在辽宁大学打太极拳。

【29】 唐铎晚年小照。

【30】 1983年夏，唐铎一家在北京拜访李立三一家（左起：李立三夫人李莎，李立三外孙，唐维佳，唐铎孙，唐瓦柳，唐铎，唐瓦佳，李立三小女儿李雅兰；后排李立三大女儿李英男的丈夫）。

【31】1983 年 11 月 20 日唐铎在沈阳逝世，在唐铎的葬礼上，唐瓦柳与儿孙和亲友们向唐铎告别。

【32】唐瓦柳在苏联的亲人赶到沈阳参加唐铎葬礼。

【33】在追悼会上，哈军工老领导向唐铎家人表达亲切的慰问（左起：张子明，王维勤，李开湘，徐立行）。

【34】 唐铎追悼大会。

贺振新

（1916—1966）

1916 年 3 月，贺振新出生在江西永新县象形村一个贫苦农民家庭里。1930 年加入中国共产主义青年团，1931 年参加中国工农红军，同年由团转党。土地革命战争时期，任红六军团第五十一团副排长，湘鄂川黔军区第二军分区干部大队分队长，游击队政治委员，独立团连指导员，干部大队政治委员，红六军团第十七师政治部组织干事，第四十九团政治处总支书记、营教导员。参加了长征。

抗日战争时期，任八路军一二〇师三五九旅七一七团营教导员、团政治处副主任兼宣传股股长、团政治处主任，八路军南下支队第一支队政治处主任，三五九旅七一七团政治委员。

解放战争时期，任晋绥军区三五九旅政治部主任，第一野战军五师副政治委员。中华人民共和国成立后，任第一野战军师政治委员，率部在新疆屯垦戍边。1952 年，贺振新到中央马列学院学习，毕业后于 1954 年 8 月调任军事工程学院炮兵工程系副

主任、政治委员兼军械科学研究所政治委员。1960年哈军工分建，贺振新任炮兵工程学院副院长，炮兵科学技术研究院政治委员，1965年任新疆生产建设兵团副政治委员。

1955年被授予少将军衔，获二级“八一勋章”、二级“独立自由勋章”、二级“解放勋章”。

“文革”初期，贺振新被林彪在新疆的代理人打成“反党集团成员”，1966年12月12日，贺振新含冤去世，年仅50岁。

【02】抗战时期的贺振新。

【03】1950 年率部进军新疆时的贺振新。

【04】新中国成立初期贺振新和夫人肖平。

【05】 授衔后，贺振新和夫人肖平在家里的纪念照。

【06】 在哈军工工作时期，贺振新和夫人肖平的标准照片。

【07】 以教学大楼为背景的照片。

【08】 雪景里的冬装照。

【09】
在办公室的工作照。

【10】 1956 年春，贺振新与两位系副主任任新民(左)、刘吉林(中)的合照。

【11】 贺振新(右二)、沈正功(左一)、许哨子(左三)、刘吉林(左五)与苏联顾问叶菲里莫夫(右一)夫妇的合影。

【12】1958 年全院开展歌咏比赛活动，贺振新与全系师生一起引吭高歌。

【13】1958 年第一期学员毕业时，贺振新等系科领导与毕业学员合影。

【14】 1958 年大跃进运动时，学院大办工厂，这是贺振新在过氯酸铵车间检查安全生产的情况。

【15】 1959 年 12 月，周恩来总理视察哈军工时，贺振新（左）在炮兵工程系楼前迎候周总理（右为刘居英副院长）。

【16】 1964 年夏，下连队当兵的贺振新与普通战士一样站岗放哨。

【17】 贺振新与战士们亲切谈心。

【18】 贺振新和炮兵战士一起进行操炮训练。

16 | 17
18

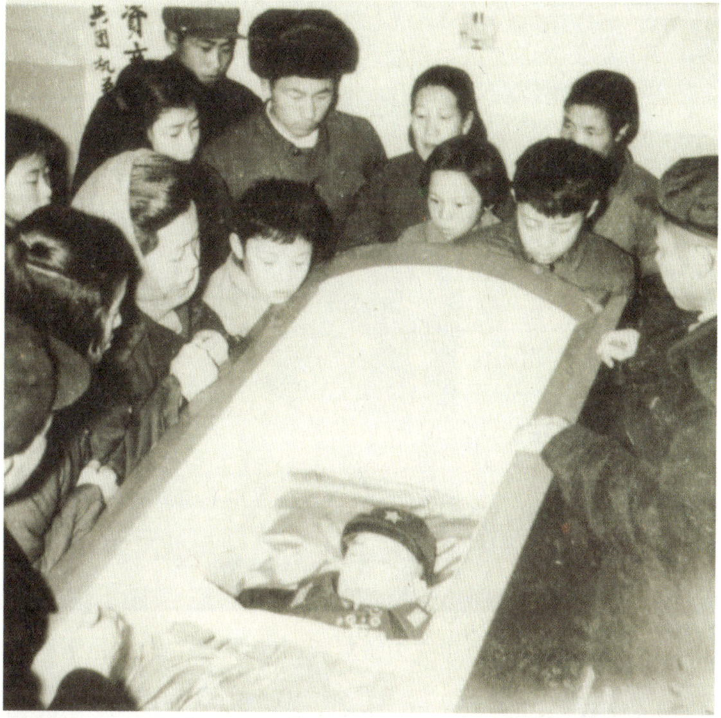

【19】

1966年底，在文革乱世中贺振新被林彪在新疆的党羽迫害致死，肖平和孩子们为他送行。

【20】

新疆军区草草举行了一个简单的追悼大会，肖平与孩子们在灵堂前。

【21】 “文革”结束后，中央为贺振新彻底平反昭雪，这是重新召开的追悼大会会场。

【22】 王震等领导同志参加贺振新的追悼大会，向贺振新的亲人表示沉痛的哀悼和亲切的慰问。

徐介藩

（1901—1983）

徐介藩，原名徐齐邦，字介藩。1901 年 7 月 21 日出生于安徽省固镇县马场乡前马场村。1921 年，参加安庆学生运动，被推举为安徽省学生联合总会理事长。1923 年加入中国社会主义青年团。1925 年 1 月，考入黄埔军校第 3 期步兵科学习。同年秋，转入广州航空学校第 2 期学习驾驶。1926 年 2 月加入中国共产党，后任中共航校特别小组组长。

1926 年 9 月，由广东革命政府选派、中共粤军委介绍赴苏联，先后入列宁格勒红军航空理论学校、苏联红军第二航空学校学习。1928 年 10 月转入莫斯科东方劳动者共产主义大学学习。1929 年 4 月转为联共候补党员。1932 年 4 月成为联共正式党员。1929 年 10 月至 1948 年 3 月，先后在苏联内务部、共产国际干部部和苏共中央联络部工作。参加了苏联莫斯科国防工程建设，获“保卫莫斯科奖章”和“卫国战争纪念章”。

1948 年 3 月回国，任中共中央东北局编译局翻

译,《毛泽东选集》俄文总编辑。1949 年 2 月,调任中长铁路驻沈阳办事处副处长。

1949 年 6 月,随刘少奇率领的中共中央代表团赴苏联进行友好访问。访问结束后,随王稼祥留在莫斯科,参与接收国民党政府驻苏联大使馆及筹备新中国大使馆的工作。

1949 年 10 月,中华人民共和国成立后,被任命为中国驻苏联大使馆一级参赞。1949 年底至 1950 年初,参与《中苏友好同盟互助条约》讨论文本的翻译工作。1950 年 6 月,筹建中国驻苏联赤塔总领事馆,任总领事。

1951 年 7 月 1 日,随李克农等入朝参加开城谈判,后任中国人民志愿军司令部办公室政治秘书、办公室主任。

1952 年 11 月,赴哈尔滨协助黄埔学长陈赓筹建中国人民解放军军事工程学院,任装甲兵工程系主任。1955 年 9 月被授予大校军衔。1958 年 5 月,装甲兵工程系筹建坦克科学技术研究所,任所长(兼)。为我军装备的正规化、现代化作出了重要贡献。

1960 年 8 月,以哈军工装甲兵工程系为基础,在西安扩建装甲兵工程学院,徐介藩任主管教学工作副院长。他是中国人民政治协商会议第三、第四、第五届全国委员会特邀委员。

1961 年 8 月晋升为装甲兵少将军衔。荣获朝鲜民主主义人民共和国二级“自由独立勋章”。1964 年离职休养。

“文革”中徐介藩和夫人张梅受到残酷迫害,徐介藩在铁窗中 7 年,身体被彻底摧毁。

1983 年 4 月 16 日在北京病逝,享年 82 岁。

【02】 1926 年 8 月,在广州航空学校时的徐介藩。

【03】 1926 年冬,在苏联列宁格勒红军航空理论学校学习时的留影。

【04】1949年9月，在莫斯科中国驻苏联大使馆筹备处(左起:吕黎平,徐介藩,刘亚楼,翟云英)。

【05】1949年10月，中国驻苏联大使馆工作人员合影(前排右起:徐介藩,边章五,王稼祥,曾涌泉,戈宝权)。

06 | 07 08

【06】 1952年秋，徐介藩跟随陈赓筹建哈军工，出任装甲兵工程系系主任，这是他下坦克部队视察学员的见习情况。

【07】 1953年5月，迎接唐铎归国在北京中山公园合影（左起：徐介藩、唐铎、王弼）。

【08】 1955年，军事工程学院装甲兵工程系徐介藩主任。

【09】徐介藩与苏联专家研究教学工作。

【10】徐介藩向装甲兵工程系模范学员颁奖。

【11】1956 秋徐介藩在哈军工全院运动会上讲话。

09
10 | 11

【12】

1957 年 9 月总参谋长粟裕大将视察哈军工，这是徐介藩欢迎粟总长到装甲兵工程系指导工作。

【13】

徐介藩陪同粟裕大将视察装甲兵工程系。

【14】 1957 年 12 月，与第一期学员（401 设计组）合影(前排左七为徐介藩)。

【15】 1958 年 2 月，欢送系机关下放干部的合影(前排左五为徐介藩)。

【16】 1959 年夏在黑龙江省委党校短期学习时与同学们的合影。

【17】徐介藩在哈军工时的全家福。

【18】徐介藩全家人在杭州西湖的留影。

【19】 1961 年 3 月晋升少将军衔时在西安的全身纪念照。

【20】哈军工时期的小照。

【21】从苏联回国后的张梅。

【22】 1961 年西安装甲兵工程学院党委扩大会的合照（前排左起：沙风、张国良、李治洲、王振祥、徐介藩、于丁）。

【23】 十年浩劫，徐介藩受到残酷迫害，身陷囹圄长达7年，文革结束后获得彻底平反，这是他晚年的照片。

唐凯

（1916—1999）

1916年10月唐凯出生在湖北省黄陂县梅店一个赤贫的农家，自幼跟母亲讨饭。1930年，13岁的少年唐凯加入中国共产主义青年团，同年参加中国工农红军，1931年由团转党。土地革命战争时期，历任红四军第十一师三十二团班长、宣传队队长、连副政治指导员、军保卫部队长，江口独立团团长兼政治委员，红三十军第八十八师二六二团营政治委员，二六二团政治委员，红三十一军第九十三师二七一团政治处主任、团政治委员。北上先遣司令部参谋、团政治委员等职。参加了鄂豫皖苏区的反“围剿”斗争和艰苦卓绝的长征。

抗日战争初期，任中国人民抗日军政大学副中队长、副科长、大队长，第三团副团长兼训练处长，抗大第二分校第一团团长，冀东军区第十六军分区副政委兼政治部主任，冀热辽军区支队政治委员等职。为培养党的抗日军政干部作出了贡献。抗战胜利后与曾克林率部进军沈阳，为国共两党争夺东北

占得先机，立下了历史功勋。

解放战争时期，任辽东支队政治委员，辽东军区副政治委员兼政治部副主任，东北野战军第三纵队副政治委员兼政治部主任，辽东军区第三参谋长兼后勤部长，第五纵队副政治委员兼政治部主任，第四野战军特种兵政治部主任等职。参加了辽沈、平津、渡江等重大战役。

中华人民共和国成立后，任军委民航局副局长、党委副书记，防空司令部政治部主任兼民航局副局长，1953 年初任军事工程学院工兵工程系主任，1958 年春奉调北京任工程兵特种工程设计院院长兼政治委员，工程兵国防工程设计院院长、党委书记，投身我国“两弹一星”的宏伟事业中。文革中深受迫害，在干校被监视劳动多年。平反后任工程兵副司令员，分管科研设计工作。曾任北京地铁建设的首任总指挥。唐凯为我军的国防工程建设，为工程兵的现代化建设作出了重大贡献。

1955 年被授予少将军衔。荣获二级“八一勋章”、二级“独立自由勋章”、一级“解放勋章”。1988 年 7 月被中央军委授予中国人民解放军一级“红星功勋荣誉章”。

1999 年 8 月 26 日在北京病逝，享年 83 岁。

【02】红军时代的唐凯，拍摄于1935年长征路上，一直由师长王近山保存直至1955年授衔时交给唐凯。

【03】抗战时期，在抗大二分校任团长、大队长。

【04】抗大二分校部分领导合影（前排右一唐凯、右二李志民）。

【05】 1941 年反“扫荡”后，唐凯与抗大二分校部分教员在一起（前排左起：唐凯，段前俊，沈图）。

【06】 1942 年春，唐凯率抗大学员通过平汉铁路封锁线时负伤，经白求恩医学院手术治疗后康复（右一），图为在出院前与部分同学合影。

【07】1946 年春唐凯任东北民主联军第三纵队（四十军）副政委兼政治部主任，图为唐凯（左）与纵队司令员程世才（中）、政委罗舜初（右）合影。

【08】解放战争时期的唐凯。

【09】1948 年冬，第四野战军第五纵队（四十二军）参加平津战役。这是纵队首长在前线视察。右一叶剑英（持望远镜），右三唐凯，左一万毅。

【10】1949 年 12 月 9 日，中央军委任命唐凯为军委民航局副局长。

11
12 | 13

【11】 1951 年，唐凯与邹光结婚照。

【12】 1951 年，在新中国民航剪彩仪式上，唐凯与邹光在飞机前合影。

【13】 在民航局时期的唐凯夫妇。

【14】 1952 年秋陈赓把在"三反"运动里受到错误处分的唐凯调到哈军工，委以重任。1955 年 9 月，时任哈军工工程兵工程系主任的唐凯被授予少将军衔，这是夫人邹光在家里为唐凯拍摄的纪念照片。

【15】

1957 年夏，唐凯陪同粟裕大将、邓华上将等视察工程兵系的科研成果。

【16】 1958 年的罗布泊地区还有水塘，有成群的野鸭。唐凯在工作休息时打到一只野鸭。

【17】 1958 年春，中央军委调唐凯任国防特种工程设计院院长兼政委，参加“两弹”发射基地的创建。图为 1958 年基地勘探选址领导成员的合影（右三陈士榘、左二唐凯）。

【18】1962 年的全家福。

【19】在北京时的唐凯与邹光。

【20】 文革中唐凯无端受到迫害被押送干校多年，一家人遭遇磨难。1973 年唐凯恢复工作后唐家拍照的全家福。

【21】 从军委工程兵副司令员岗位上离休后，唐凯与邹光的纪念照。

【22】离休后的唐凯仍关心国家大事和部队的建设。

【23】唐凯坚持看书写文章。

【24】 在书房里的唐凯。

【25】 1987 年唐凯和邹光去看望老首长陈云。

【26】 晚年的唐凯与邹光。

薛克忠

（1914—1988）

山西省洪洞县人。1937年加入中国共产党，1938年参加山西青年抗敌决死队。抗日战争时期，任山西牺盟会分会特派员，稷王山工委书记，决死第三总队组织科科长，第二一二旅政治部副主任，第五十五团团长，旅参谋长，太岳军区第四军分区参谋长。解放战争时期，任太岳军区第四纵队军政处处长，第二十四旅参谋长，中原野战军第四纵队十二旅旅长，中原军区第十九军兼陕南军区参谋长。

中华人民共和国成立后，历任陕西军区副参谋长，中国人民志愿军第十九兵团副参谋长，志愿军工程兵指挥所司令员，中国人民解放军军事工程学院工程兵工程系主任，工程兵工程学院副院长兼训练部部长，工程兵工程学院政治委员，工程兵军政干部学校政治委员，工程兵学院政治委员，中国人民解放军工程兵副司令员。

1955年授大校军衔，1961年晋升为少将军衔，

获二级“独立自由勋章”、一级“解放勋章”，一级“红星功勋荣誉章”。

1988 年 11 月 8 日在北京病逝，享年 74 岁。

【02】1950 年秋赴朝参战时的薛克忠。

【03】 1952 年在朝鲜战场，薛克忠（左一）、刘金轩（左二）与朝鲜人民军干部合影。

【04】 朝鲜战争停战后中朝战友的合影（中排右二是薛克忠）。

【05】 1954 年我志愿军在朝鲜驻地的合影(前排左五为薛克忠)。

【06】 朝鲜停战后,1956 年与朝鲜战友合影(左三为薛克忠)。

【07】 原十九军的领导干部合影(前排左起:薛克忠、陈先瑞、刘金轩)。

【08】 原十九军领导合影(左起:陈先瑞、刘金轩、薛克忠)。

【09】 1958 年年中薛克忠奉调哈军工，出任工程兵工程系主任，这是与苏联专家的合影。（前排右一薛克忠、右三赵本源、左一殷之书）

【10】 1960 年 10 月，哈军工工程兵工程系第三期学员毕业照（前排居中为薛克忠、左三于涛、左四南敬之、左六文立）。

【11】 1961 年 5 月，哈军工工程兵工程系分建，在西安成立工程兵工程学院，薛克忠先任副院长，后升任政委。以后轰然而起的文革，薛克忠受到冲击和迫害，多年“靠边站”。重新工作后奉调徐州，任工程兵军政干部学校政委。图为薛克忠在学校的会议上讲话。

【12】 在徐州工程兵军政干部学校的日子里。

【13】 整天和战士们在一起。

【14】 身体力行，参加学校的“边学边建”活动。

12 | 13
14

【15】参加支部的政治学习。

15 | 16
17

【16】为战士讲打坦克。

【17】在淮海战役纪念馆里为干部战士讲战役案例。

【18】骑自行车上下班。

【19】与校领导检查攻防工程。

【20】在家中。

【21】 1980年,薛克忠奉调北京,出任工程兵副司令员,图为在司令部办公室里办公。

【22】 薛克忠在家里批阅文件。

【23】 1986 年，薛克忠回到家乡山西省洪洞县，图为与县委领导的合影。

【24】 1982 年在延安留影。

【25】 1983 年随团访问罗马尼亚(二排左二为薛克忠)。

【26】 我代表团观看罗军的演习(左二为薛克忠)。

【27】出访期间，我代表团成员的合影（右三为薛克忠）。

【28】

1980年4月，薛克忠（前排中）在重庆公出时与大家一起参观红岩村。

【29】 薛克忠有六个女儿，前五个女儿文革中先后下乡插队。在徐州的时候，身边只有小女儿江玲陪同，这是薛克忠与江玲说话。

【30】 1982 年与三女儿秦生在北京的家里。

【31】离休后的薛克忠抱着外孙周鹏。

【32】薛克忠老两口带着外孙在颐和园留下灿烂的笑容。

【33】 1972 年，刚被“解放”的薛克忠与夫人王云兰和他们的“六朵金花”拍下难得的全家福。

【34】 薛家大团圆，拍下一张全家福。

吴振挺

（1916—1994）

湖北省黄安(今红安)人。1929年加入中国共产主义青年团,1930年参加中国工农红军,1931年由团转入中国共产党。

土地革命时期，吴振挺在鄂豫皖革命根据地，任河口县独立营排长,独立团连长、副营长,红二十五军第七十四师二二三团连政治指导员,陕南游击第四师政治部主任,红二十五军第七十四师政治部组织科科长,手枪团政治委员。参加了鄂豫皖苏区五次反“围剿”,开创鄂豫陕苏区的历次战役战斗,参加了长征。

抗日战争时期,吴振挺任八路军陕甘宁留守兵团第二团政治教导员,第四团营长。解放战争时期,任中原军区第二野战军军政大学第一总队政治部主任。

中华人民共和国成立后,吴振挺任第二高级步兵学校第三大队政治委员,军事工程学院工程兵工程系政治副主任,洛阳工程兵学校政治委员,中国

人民解放军工程兵工程部政治委员。

1955 年授大校军衔，1961 年晋升为少将，荣获二级“八一勋章”、一级“独立自由勋章”、二级“解放勋章”。1988 年获一级“红星功勋荣誉章”。

1994 年 5 月 28 日，吴振挺同志于洛阳逝世，享年 78 岁。

【02】 抗战时期,吴振挺(左)与战友李书全的合影。

【03】 1946 年在江苏高邮,与红军老战友合影(左起:方升普、王诚汉、吴振挺)。

【04】 1950年，吴振挺与夫人马波回到湖北红安老家，图为与亲友们的合影（后排左一吴振挺，左二马波）。

【05】 1954年12月，吴振挺与马波和战友们的合影。

【06】哈军工成立之初,吴振挺任工兵工程系政治副主任,一年后奉调洛阳,任工程兵学校政治委员。1955 年 9 月,吴振挺被授予大校军衔。

【07】1961 年，晋升少将后吴振挺与马波在北京的合照。

【08】 20 世纪 60 年代，吴振挺出任工程兵工程部（351 部队）政治委员，图为该部领导合影（右起：吴振挺、罗洪标、赵东寰）。

【09】 1962 年军委工程兵部领导合影（前排左六陈士榘、左七黄志勇、左八胡奇才；后排左二吴振挺）。

【10】 1963 年的工作照。

【11】 在干部会议中(右一)。

【12】1991年，晚年的吴振挺摄于洛阳干休所。

第二篇

将星璀璨

哈军工将军的集体相簿

【01】 1953 年 11 月 4 日，在哈军工第二期学员的入伍仪式上，陈赓（中）与徐立行（左）、张衍（右）等院领导检阅学员分列式（后排为张杰）。

【02】 1954 年春，陈赓为学院实习工厂开工剪彩，刘居英、刘有光及苏联顾问都站在前排。

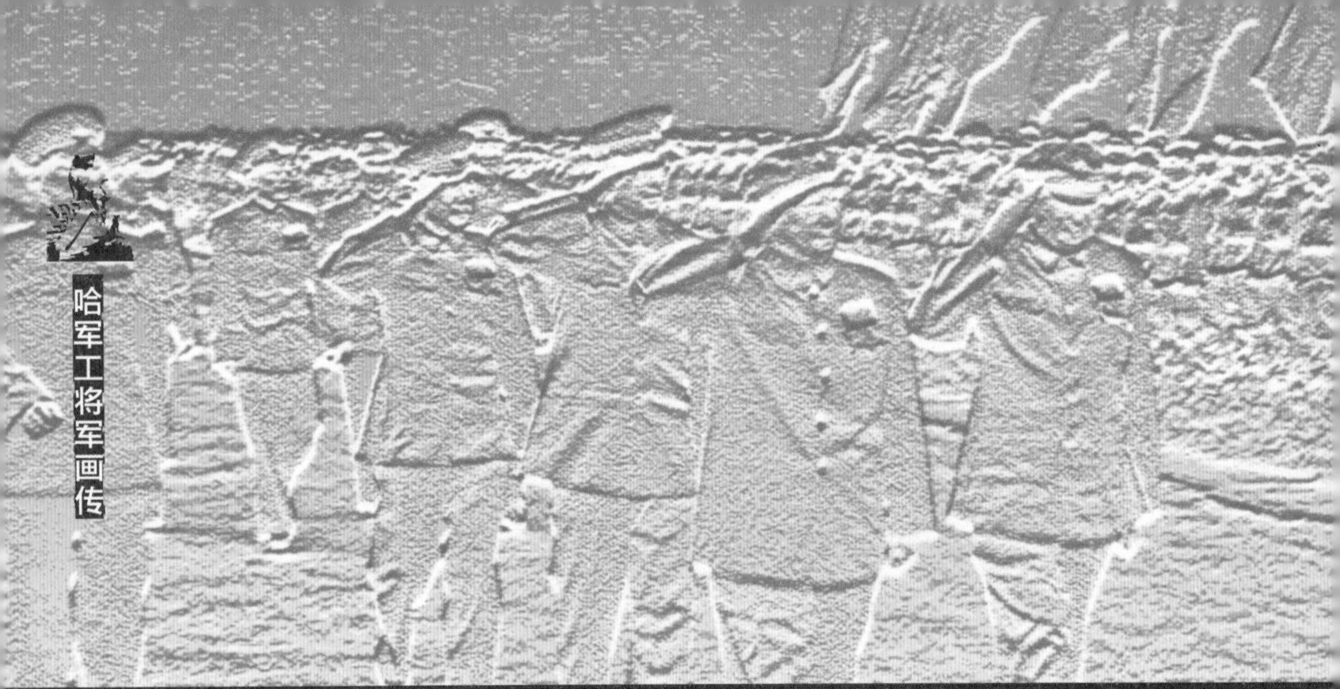

【03】 1954 年 7 月，陈赓院长（右二）与首席顾问奥列霍夫（右一）在野营训练场检阅哈军工学员（陈赓身后有刘有光、李懋之、张子明、张文峰等）。

【04】 1955 年 11 月，在哈军工校级军官的授衔仪式上。
（左起：徐立行、张子明、李懋之、徐介藩）

【05】 1955 年 12 月，刘居英（右）、刘有光（左）检阅刚授予尉官军衔的全院干部、教员。

【06】 1957 年 3 月 27 日，首席顾问奥列霍夫病逝，哈军工领导向遗体告别，左起：张衍、刘有光、刘居英、苏联副首席顾问诺维克、李懋之。

【07】

1957 春末，首席顾问奥列霍夫病逝后，哈军工部分领导在大和旅馆宴请苏联专家及家属并合影留念（前排左起：张衍、贺振新、苏联专家、代理首席顾问格瓦廖夫、徐立行、张子明、唐铎、李懋之；后面几排中有赵本源、南敬之、陈元兴等）。

【08】

1958 年冬，哈军工部分领导在大和旅馆宴请苏联专家及家属并合影留念（前左一刘居英，左四谢有法，右一首席顾问普罗托波波夫，后几排里有张衍、徐介藩、黄景文、邓易非等）。

【09】 1958 年 3 月，在向哈尔滨苏联红军墓园献花圈后，徐立行、张衍与首席顾问普罗托波波夫的合影。

【10】 1957 年 6 月由刘居英为团长的中国人民解放军军校参观团出访苏联、波兰、捷克斯洛伐克三国。在出访之前，刘居英等参观团部分成员在北京拜会中央军委的苏联总顾问波特鲁塞夫斯基上将。

前排左起：徐立行、波特鲁塞夫斯基、刘居英、唐铎、曹鹤荪；后排左起：柳克俊、任新民、徐介藩、唐本庆、慈云桂。

【11】参观团访问苏联列宁格勒（圣彼得堡）海军学院时，与在该院学习的将军留学生陶勇和罗舜初合影留念。
图中：纪士坪（左一），罗时钧（左二），慈云桂（左三），任新民（左四），高步昆（左六），陶勇（左七），罗舜初（右五），刘居英（右四），曹鹤荪（右三）、唐铎（右一）。

【12】 访苏期间的集体合照。
前排左起：徐立行、徐介藩、柳克俊、刘居英、唐本庆、苏方陪同人员、罗时钧、唐铎、曹鹤荪、慈云桂；后排左起：沈正功、苏方陪同人员、任新民。

【13】1957年4月下旬，中共中央副主席、国家副主席朱德元帅视察哈尔滨市，哈军工领导刘居英、徐立行、李懋之等与省市领导同志一起到机场欢迎。

【14】4月24日，朱德元帅到哈军工视察，在学院办公楼前与院部系领导和苏联顾问合影。前排左起：徐立行、李懋之、张衍、欧阳钦、黄敬、朱德、诺维克、格瓦廖夫、刘居英；后排左起：唐铎（左一）、贺振新（左三）、黄景文（左四）、唐凯（左六）、南敬之（左八）、张杰（左九）、杜鸣柯（左十二）。

【15】 朱德元帅在大操场向全院人员作指示（朱德身后是刘居英与张衍；左侧是黄敬、欧阳钦等人）。

【16】 1964 年 7 月，朱德元帅第二次视察哈军工，同行有董必武、王维舟等，图为视察哈军工原子工程系后受到师生们的热烈欢迎，陪同的哈军工院系领导有谢有法、李懋之、祝玉璋等。

【17】

1964 年 7 月，朱德、董必武与院部系领导干部合影。

前排左二起：张衍、李懋之、康克清、何连芝、王维舟、朱德、董必武、谢有法、陪同人员、刘居英、李开湘、卓明。

中排左起：陈怡、不详、戈果、戴其萼、沙克、赵阳、祝玉璋、赵本源、杨川、曹鹤荪、王炜、沈伯英、王坚、王序卿。

后排左起：张杰、王松如、李廉泉、张友良、李焕、姜国华、张景华、张述祖、傅德林、杜鸣珂、杨寿增、贺达、慈云桂。

【18】 1960 年 8 月，全体苏联专家奉命回国，谢有法（左二）与李开湘（右一）到哈尔滨火车站送行。

【19】 1963 年 6 月 18 日，陈毅元帅视察哈军工，为全院人员作报告（左起：陈毅、刘居英、张子明、张文峰）。

【20】 陈毅元帅右边的是李懋之和张衍。

【21】 1964 年 7 月 16 日，刘伯承元帅视察哈军工，图为刘帅在实验室里听取学院科研成果汇报，陪同的学院领导有谢有法、刘居英、李懋之、张衍。总政刘志坚副主任、沈阳军区曾绍山副司令员也在座。

【22】 刘伯承元帅与学院领导干部合影。

【23】 1957 年 9 月，粟裕总长视察哈军工时与苏联专家合影。
前排：代理首席顾问格瓦廖夫中将（左三）、粟裕（左四）、副首席顾问诺维克（左五）、陈士榘（左六）、王尚荣（右四）。
在后几排中有哈军工院部系领导徐立行、李懋之、张衍、徐介藩、黄景文等。

【24】 1960 年夏至 1961 年秋，哈军工四个常规兵种工程系搬迁分建，哈军工面临重建新系的困难局面，这是当时部分院系领导干部的一张合照（前排左起：李开湘、唐铎、赵本源；后排左起：黄景文、刘居英、谢有法）。

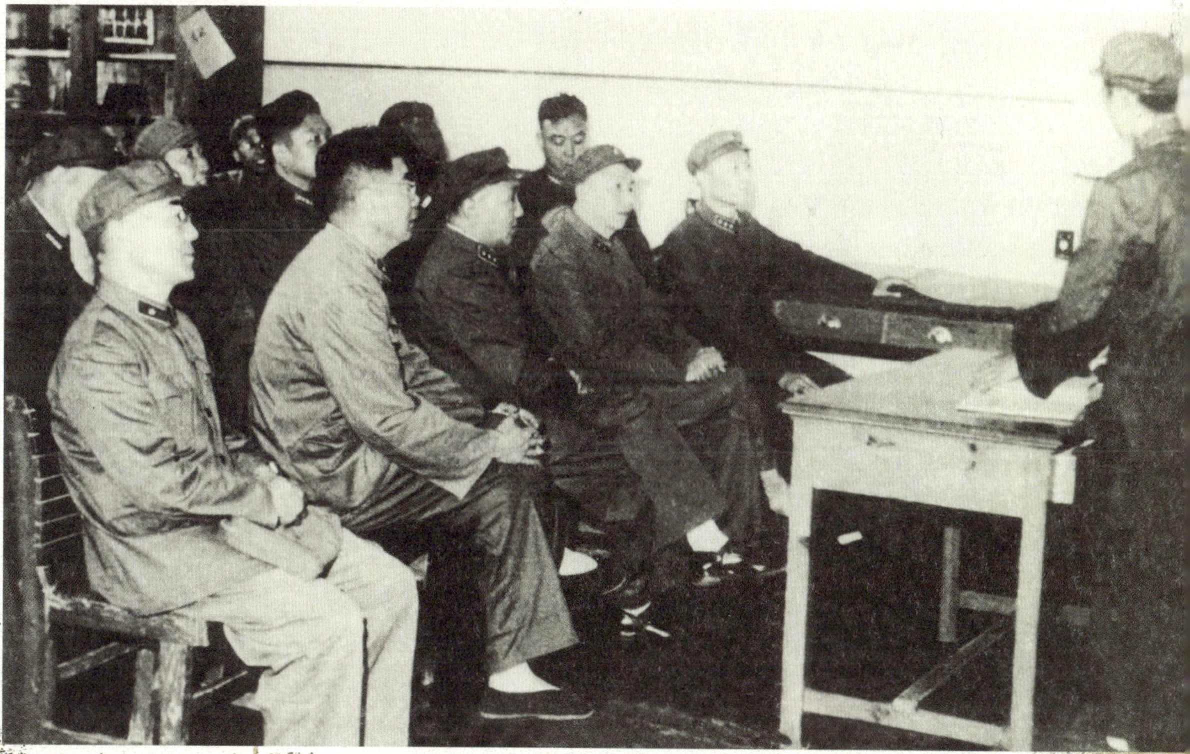

【25】 1963 年 9 月 1 日，哈军工隆重纪念建院十周年，这是学院领导向军委代表团汇报学院科研成果（前排左起：李懋之、刘居英、李聚奎、徐立清、张爱萍）。

【26】 1960 年 9 月 1 日，哈军工庆祝建校七周年，
学院领导检阅学员分列式。

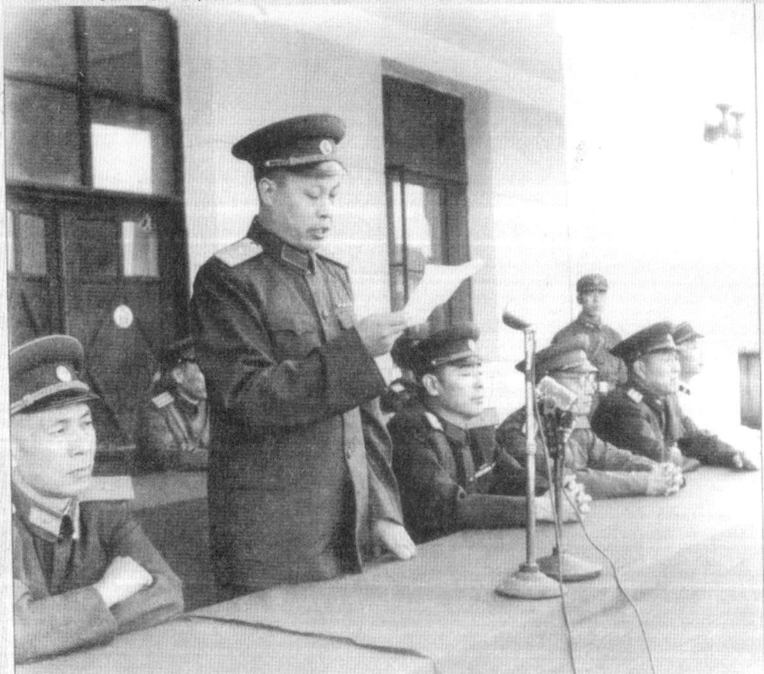

【27】 谢有法政委在校庆大会上讲话(左起：唐铎、
谢有法、刘居英、张衍、徐介藩、黄景文)。

【28】学院党委领导的一次集体学习（右起：张文峰、张衍、张子明、刘居英、谢有法、李懋之、不详、李焕）。

【29】学院领导在海军工程系柳克俊的实验室里检查计算机科研工作。图中前排，左一刘居英、左二张子明、右一李懋之、左三赵本源；柳克俊在赵本源身后。

【30】 1963 年 7 月，刘居英、李开湘、张文峰、祝玉璋等院系领导在松花江上游视察原子工程系 204 教研室“原子爆炸冲击波光幅射测试”科研课题化学模拟爆炸实验场地，并与部分科技人员、国防科委第 21 研究所协作人员合影。

【31】 1964 年 1 月，哈军工的实习工厂（四海厂）庆祝建厂十周年，学院领导与 600 余工人同志合影，感谢他们为哈军工的教学和科研作出的重大贡献。
前数第三排左起：李懋之、谢有法、张复明（四海厂厂长、大校军衔）、刘居英、李焕。

【32】 在哈军工十周年校庆的时候，八一电影制片厂演员剧团来到学院，为全院师生员工送来精彩的节目，这是学院领导与演员剧团全体同志合影。

【33】 学院领导特地与著名演员田华等八一厂女演员们合影留念。

【34】1983年9月哈军工建院30周年时，哈军工部分老领导在哈尔滨船舶工程学院聚会。
前排左起：杜鸣珂、王序卿、徐立行、林毅、兰风、李懋之、邓易非、卓明、张景华、尹孤平。
后排左起：黄绍、陈怡、李煦明、李廉泉、王松如、尚慎武、雷立德、亓琦、冯捷、张广义、邓三瑞。

【35】张子明与李懋之在昆明西山龙门合影。

【36】参加完30周年校庆，徐立行与李懋之结伴出游。

34 | 35 / 36

【37】 1983年11月20日,"飞将军"唐铎在沈阳逝世,原哈军工的老领导和全国各地百余哈军工学子赶到沈阳参加葬礼。追悼会后与唐铎夫人及儿孙合影(前排左起:李开湘、张梅、贺伟、唐瓦柳、唐铎孙、刘居英、张子明;后排左一刘子文、左二唐瓦佳、左四王维勤、左六唐维佳)。

【38】 唐铎追悼会后哈军工人的合影(前排左起:张子明、李开湘、刘居英、徐立行;中排左起:刘子文、王维勤、张慰茹、张梅;后排左一谢光、右一刘忠)。

【39】 1987 年夏，在国防科技大学举行校史座谈会，哈军工时期的老领导在回忆当年的峥嵘岁月（左二张子明，左三李懋之，左四李开湘）。

【40】 校史座谈会期间在长沙烈士陵园留影（左起：许鸣真、李开湘、张子明）。

【41】 1993 年 9 月，哈军工 40 华诞，北京的哈军工老领导与一期学员合影。
（左起：王雅琴、钟山、张衍、刘有光、刘居英、杨桓、谭国玉、周培根）

【42】 1993 年 9 月，哈军工 40 华诞，在北京的哈军工两老聚会。
前排左起：卢庆骏、张文峰、李懋之、刘有光、刘居英、张衍、梁守槃、庄逢甘、任新民、朱起鹤；后排左起：尚法尊、邹竟蒙、栗前明、沈椿年、蔡康生、崔君望、邓先群。

【43】 1993 年 9 月，哈军工 40 华诞，刘居英、李懋之到长沙看望哈军工的老教授。
前排左起：刘景伊、周祖同、周明鸂、李懋之、刘居英、曹鹤荪、易晓东、江瑜、俞咸宜；
二排左起：刘德铭、汪浩、李运樵、兰风、张良起、郑时敏、许良毓、李均、不详；
三排左起：张金槐、谭自烈、胡守仁、吴克裘、龚家鹿、汪善定、周兆祺、俞克曜、欧阳昌宇；
后排左起：尚法尊、周之桢、徐黎平、吴国平、赵伊君、彭源、况惠荪、徐升祥、不详、沙钰。

【44】 2000 年，刘居英与张衍在国防科学技术大学。

耸立在哈尔滨工程大学校园内的陈赓铜像。

后记

在哈尔滨工程大学出版社的大力支持下，我的责编张盈盈和恒润设计公司美编佟玉——两位聪明能干的女将，同心协力，挥洒才智，日夜兼程，终于在母校60华诞前夕，把《哈军工将军画传》一书奉献于广大读者的面前。

《哈军工将军画传》把诞生于20世纪初的15位开国将军的500余幅珍贵历史照片汇集在一起，凸显于错综复杂、跌宕起伏的中国现代历史画卷中，以期后世子孙可以体察到他们那一代人的奋发图强和荣辱沉浮，喜怒哀乐和音容笑貌，或许对于当今年轻人处身立世、建功立业有所借鉴和启迪。

在短短几个月里编撰出这样一本承载着百年历史风云的画传，无疑困难重重，而收集到七八十年前的老照片更是难以想象。幸好有三本画传(《陈赓大将图传》《谢有法将军画传》《刘居英画传》)作为重要参考书，使我有了点底气。更主要的支持是来自哈军工将军的后人，他们闻讯后热情关注，鼎力相助，特别是旅居美国的唐铎将军之子唐瓦佳(虽然我们还没有见过面)，克服诸多困难，从大洋彼岸发来弥足珍贵的老照片，令我感动不已。

我要衷心感谢——

谢有法将军的女儿、女婿谢晓群、王渤赠我《谢有法将军画传》；刘居英将军女儿刘捷、刘智的大力帮助；李懋之将军女儿、女婿李莉、李辉、张健多次提供照片；徐立行将军女儿徐晓云，李开湘将军女儿李征征，张衍将军之子张汀江，张子明将军之子张晓阳，唐铎将军之子唐瓦佳，唐凯将军女儿唐捷，贺振新将军之子贺南明，薛克忠将军女儿薛云生，徐介藩将军之子徐晓滨、女儿徐晓燕，张复明之子张海生等

1953-2013

朋友们也先后向我提供了珍贵的历史照片。

在哈军工的历史上，还有一位将军学员，他就是在装甲兵工程系高级班学习一年的孙三少将。我本来想把孙三将军的照片收入本书，而且历经曲折也找到了孙三将军的家人。然而受时间和条件所限，我无法拿到孙三将军的老照片，为此我深感遗憾。

最后，我还要特别感谢96岁的刘居英老院长和83岁的汪浩老师为本书题字。毕竟时间过于仓促，本人精力和水平又有限，画传中的疏漏及表述不当之处在所难免，祈盼广大读者不吝赐教，笔者必感激不尽。

滕叙兖

2013年8月8日

鸣谢

《哈军工将军画传》得以顺利出版，要仰仗全国校友们的宝贵支持，首先倾力相助的是哈军工深港澳校友会、国防科技大学深圳校友会、哈尔滨工程大学深圳校友会。

深圳市的校友们把这本画传作为纪念母校 60 华诞的礼品，敬赠“军工七校”——国防科技大学、哈尔滨工程大学、南京理工大学、解放军理工大学国防工程学院、解放军理工大学野战工程学院、解放军装甲兵工程学院、解放军防化指挥工程学院。他们以实际行动缅怀哈军工先贤，继承哈军工的光荣传统，弘扬永远的哈军工精神。

赞助 2000 元以上的校友（不分先后）名单如下：

赵荣基、李贵根、王德全、刘苏民、李永泰、谷德敏、张锡健、王拥军、黄丹、黄竹林、王风良、蒋文、国防科大 5 系 87 级深圳校友群、国防科大 5 系 88 级华南同学会；

王健、杨晓锋、官银洲、黎锐文、王晓明、靳伟、杨勇超、孙枕戈、赵树平、甘为民、宋春岩、段伟勇、袁柱军、张荣、张庆源。

笔者谨向上述校友们表示衷心的谢忱！

滕叙兖

2013 年 8 月 10 日